El poder del símbolo del infinito

BARBARA HEIDER-RAUTER

El poder del símbolo del infinito

Con la lemniscata *a la armonía infinita*

EDICIONES OBELISCO

Si este libro le ha interesado y desea que le mantengamos informado
de nuestras publicaciones, escríbanos indicándonos qué temas son de su interés
(Astrología, Autoayuda, Ciencias Ocultas, Artes Marciales, Naturismo, Espiritualidad,
Tradición…) y gustosamente le complaceremos.

Puede consultar nuestro catálogo en www.edicionesobelisco.com

Colección Nueva conciencia
El poder del símbolo del infinito
Barbara Heider-Rauter

1.ª edición: mayo de 2022

Título original: *Die Kraft der liegenden Acht*
Traducción: *Beatriz García Alonso*
Maquetación: *Marga Benavides*
Corrección: *TsEdi, Teleservicios Editoriales, S. L.*
Diseño de cubierta: *TsEdi, Teleservicios Editoriales, S. L.*

Edita: Ediciones Obelisco, S. L.
Collita, 23-25 Pol. Ind. Molí de la Bastida
08191 Rubí - Barcelona - España
Tel. 93 309 85 25
E-mail: info@edicionesobelisco.com

ISBN: 978-84-9111-857-2
Depósito Legal: B-7.131-2022

Impreso en SAGRAFIC
Passatge Carsí, 6 - 08025 Barcelona

Printed in Spain

Empecemos con un pequeño ejercicio

Antes de entrar en detalles respecto del ocho acostado y conocer su significado espiritual y sus posibles aplicaciones, te invito a hacer una breve actividad. Sólo así experimentarás directamente la maravillosa energía de este símbolo, que conecta de la manera más positiva.

Para hacer este ejercicio, necesitarás a otra persona, una cuerda y varias telas que puedas anudar a esa cuerda. La habitación que escojas para hacer el ejercicio no requiere ninguna distribución especial. La práctica únicamente durará unos minutos. En el suelo, dibuja un círculo cerrado con las telas y la cuerda. Este círculo debe tener el tamaño suficiente para que tú y la otra persona os sintáis cómodas de pie en él al mismo tiempo.

A continuación, situaos en el círculo uno enfrente del otro. No trates de pensar en nada especial, percibe simplemente cómo te sientes. Unas personas se encuentran bien y otras se notan cohibidas. En este ejercicio no se trata de que evalúes o analices, aquí el único objetivo es que percibas.

Procura relajarte todo lo posible. Después, tanto tú como la persona que hace el ejercicio contigo debéis salir del círculo. Haz un ocho en el suelo con la cuerda. Colocaos ahora ambos dentro de los lazos del ocho, es decir, cada uno en un lazo. De nuevo estáis uno enfrente del otro. Siente sólo tu interior. Los dos os sentiréis probablemente mejor y también más libres cada uno dentro de su lazo del ocho. Sin embargo, al mismo tiempo percibiréis la energía armoniosa de la conexión mutua. Siente cómo empieza a latir la energía del ocho acostado y cómo fluye en una energía interminable entre ti y tu alrededor. La vibración del ocho circula de un lado a otro, cruzando una y otra vez ese punto central estable en que se conectan los dos lazos.

Debido a esa incesante corriente de energía, entre las dos personas surge una conexión profunda, una unión, que aparece sin que ninguna de las dos influya en la otra. Cada una conserva su espacio y es capaz de mantener su singularidad, pero a ambas las une una estrecha relación. Así, este ejercicio ya demuestra el significado que el ocho acostado tiene para nosotros: une dos energías diferentes en una unidad armoniosa.

Cada persona sigue siendo un ser individual y, a la vez, se convierte también en parte del otro o reconoce al otro como una parte armoniosa de sí misma.

Cuando hayáis terminado el ejercicio, os animo a intercambiar impresiones y a compartir qué habéis sentido. Prueba este ejercicio con todas las personas a las que sepas que entusiasmará. Experimentarás una y otra vez una infinita energía equilibradora y armonizadora. Con esta práctica aprendemos que la conexión íntima también existe en libertad. Y de esto nos hacemos conscientes no sólo con nuestro hemisferio izquierdo del cerebro, que es el analítico y racional, sino también con el derecho, el emocional.

Introducción

Vivimos en una sociedad en la que la comunicación transcurre solamente en parte en la expresión lingüística. A menudo percibimos también símbolos de forma inconsciente, un mundo propio que influye día a día en nosotros. Lo cierto es que, en general, nuestro mundo está dominado por símbolos que tienen mucha más influencia en nuestro subconsciente de lo que podemos imaginar. No es de extrañar entonces que el conocimiento sobre el poder sutil de los símbolos encontrara poca difusión en el pasado, fuera usado por los soberanos y se transmitiera como un gran saber secreto.

A día de hoy, afortunadamente, gran parte de ese antiguo conocimiento está de nuevo disponible para todos y cada uno de nosotros puede utilizar estos poderosos signos y símbolos para su propio desarrollo hacia una vida más consciente, hacia lo positivo para nosotros mismos y para todos los demás. Todos conocemos la mayoría de los signos, pero sólo unos pocos somos conscientes de sus efectos en nosotros. Es más, los símbolos y sus combinaciones se emplean como logotipos en la publicidad, en las tarjetas de visita y en los productos del día a día.

Unos y otros tienen el mismo objetivo: influirnos en una determinada dirección. Quien domine el lenguaje de los símbolos los puede percibir de forma consciente e incluso leer. Depende de nosotros el ir atentos por la vida, distinguir los símbolos y sus mensajes, e interpretarlos. Y cuando lo logremos, también podremos utilizar ese «idioma». Cuanto más conscientemente percibamos los poderes ocultos de los símbolos, más fácil nos resultará escapar de su hechizo.

En mi caso, son ya muchos los años que llevo dedicándome al poder y al uso de los símbolos. Este libro sobre el ocho acostado no pretende ser sino una pequeña inspiración para que camines por nuestro mundo con los ojos abiertos y entiendas mejor los mensajes de los símbolos. Nos topamos con muchos símbolos que se utilizan positivamente, pero también a veces lo hacen de manera menos positiva. Todos y cada uno de los símbolos llevan siempre consigo ambas posibilidades de uso, y la mayor parte de las veces lo negativo encuentra aplicación en la inversión del símbolo positivo. A lo largo de estas páginas, me gustaría despertar tu curiosidad y tu alegría por el lenguaje de los signos con el ejemplo positivo del ocho acostado o la *lemniscata*. Y es que precisamente la *lemniscata* es uno de los pocos símbolos que no lleva ninguna inversión.

Al igual que aprendemos a utilizar ese gran poder equilibrador del ocho acostado para nuestro bienestar, podemos hacer lo mismo con todos los símbolos que conocemos. El ocho acostado es un signo del que nos podemos aprovechar de manera maravillosa no sólo nosotros, los humanos, sino también todos los demás seres vivos, pues es sencillo, completo y aplicable en cualquier momento y en cualquier lugar. Nos ayuda a entrar en armonía con nosotros mismos y a encontrar el equilibrio en todos los niveles. Permite la consonancia de las polaridades y la dualidad que constituye nuestra vida en la Tierra. Con la *lemniscata* podemos reconocer y apoyar la infinidad de nuestro desarrollo permanente.

En los próximos capítulos, me gustaría transmitir mis experiencias con este símbolo tan lleno de fuerza. No persigo hacerte alcanzar un conocimiento absoluto ni la perfección, más bien me gustaría proponerte ejercicios sencillos y compartir contigo todo aquello que he adquirido en el transcurso de mis muchos años como directora de seminarios, para que así puedas beneficiarte de ello en tu camino. Si hay algo que siempre tenemos con nosotros es el poder de la imaginación, y el ocho acostado se puede copiar de manera muy sencilla y aplicar en todos aquellos puntos que ansiemos equilibrar o visualizar.

Aprovecha este signo tan lleno de poder para ti y para tu crecimiento espiritual. Enfréntate a los problemas de convivencia de forma armoniosa, consigue que tú y tus energías fluyáis de nuevo, sé más equilibrado y toma decisiones de forma más sencilla. Logra todo esto sin apenas esfuerzo con el signo del ocho acostado.

La *lemniscata* es un símbolo que representa tanto lo infinito como lo polar, y la dualidad aquí en la Tierra. Lleva dentro de sí la ambivalencia de lo masculino y lo femenino, de lo de arriba y abajo, del yin y el yang, de lo interior y lo exterior. Con nuestra vida en la Tierra y, de hecho, desde el mismo momento de la concepción, entramos en el mundo de la polaridad. Experimentamos muy pronto la separación y diferencia entre el yo y el tú, que se percibe como el no-yo. A partir de la educación que recibimos, formamos nuestras opiniones y aprendemos a distinguir entre el bien y el mal, lo correcto y lo que no es correcto. Empezamos ya desde muy pequeños a analizar y dividir nuestro día a día en todo tipo de categorías de dualidad. Nos formamos para tomar decisiones y decir sí o no. El sí y el no van juntos, porque uno no sería posible sin el otro.

Siempre que decimos que sí a algo, sabemos que, al hacerlo, estamos eligiendo a favor de algo y, al mismo tiempo, en contra de otra cosa. Esta unidad forma un todo, y el reconocimiento de esta totalidad nos lleva a su vez a nuestra unidad y a una nueva existencia de prosperidad. El ocho acostado brinda la oportunidad de sumergirse en esa totalidad o unidad e iniciar en nosotros esa existencia próspera que nos salve. La vibración del ocho acostado lleva su propio ritmo, que estimula en nosotros esta totalidad e impulsa su desarrollo. Así que, cuanto más a menudo nos sumerjamos en esta vibración, más beneficioso resultará para equilibrar las polaridades presentes dentro de nosotros. Ello nos ayuda a que ambos platillos de la balanza de la dualidad de la vida estén en una armonía equilibrada entre sí.

El ocho acostado como expresión de nuestro sentimiento de vida

Portando símbolos podemos mostrar nuestras convicciones o incluso expresar que pertenecemos a un determinado grupo. También podemos comunicar nuestro sentimiento de vida a través de diferentes símbolos.

Puede que optemos por utilizarlos, por ejemplo, en forma de joyas energéticas, para activar algo en nosotros y en nuestro entorno que sabemos que es para nuestro bien. Así, podemos llevar joyas para equilibrar la energía o para activar un determinado aspecto de nuestra vida. Este símbolo relacionado con la perfección, el equilibrio, la armonía y la infinidad adorna piezas de joyería muy bonitas, ya sean para la muñeca, el escote, las orejas, el pelo o los dedos. De qué forma tan maravillosa expresamos a nuestros seres queridos amor eterno al regalarles este símbolo. Sea lo que sea lo que queramos poner en marcha, podemos grabar la palabra en la joya, que representa lo que queremos activar en la vibración de la infinidad. Así, por ejemplo, la palabra «amor» surte efecto en una frecuencia vibratoria positiva infinita con nuestro propio campo energético en cuanto la relacionamos con la *lemniscata* y la aplicamos. Para aquellos a los que les guste adornar su piel, tatuar el símbolo sería una opción fantástica. Si deseamos atraer más riqueza interior y exterior, escribimos exactamente estas palabras en los lazos del ocho acostado. También se pueden distribuir varias palabras al mismo tiempo en un lazo.

Todo aquello que para ti sea importante, la vibración del ocho lo pone en movimiento, en equilibrio y en el infinito. De esta forma, por ejemplo, no hay mejor regalo que aquella pulsera de tu mejor amiga con la palabra «amistad» grabada en el ocho acostado o ese anillo con que te sorprende tu pareja con el ocho acostado y en el que se puede leer «amor incondicional».

Si atraviesas una temporada en la que no te encuentras bien, plantéate llevar un ocho acostado en el que rece: «Salud». Y si sabes que tú o uno de tus seres queridos os enfrentáis a un examen difícil, incluye la inscripción «saber» y «sabiduría» en el ocho acostado. En resumen, refleja en tu ocho acostado todo lo que quieras poner en equilibrio. Las joyas tienen la ventaja de que no tienes que pensar constantemente lo que quieres poner en equilibrio. El ocho acostado actúa sobre el campo energético en tu piel y con ello también en tu interior. Mientras llevas la joya, se irradia constantemente el impulso de equilibrio a tu campo energético y cambia hacia más equilibrio. Lo mismo ocurre con la decoración ambiental o cuando pintas el ocho acostado con un lápiz corporal en tu piel o llevas una prenda con el símbolo. Escojas la forma que escojas para llevar la energía equilibradora de la *lemniscata* a tu vida, lo más importante es que lo hagas y lo disfrutes.

Hace poco tiempo descubrí algo que para mí es una señal de que se le está prestando más atención al conocimiento del ocho acostado. Un prestigioso teatro de una gran ciudad dedicó su programa de danza y ballet a la cuestión del «lazo de la infinidad». De hecho, hubo ocho interpretaciones diferentes del «ocho acostado» por parte de ocho coreógrafos distintos.

A mi parecer, todo esto es fantástico y único. Las funciones se agotaron por completo mucho antes, y esto también refleja lo mucho que la gente siente intuitivamente los efectos positivos que tiene esta frecuencia vibratoria en ellos. Imagínate lo grandioso que es cuando cientos de personas visualizan durante toda una noche la energía del ocho acostado para así poder hallar su equilibrio. La sola idea de que ocho individualistas trabajen juntos en armonía para crear un programa me muestra hacia dónde se puede dirigir la nueva sociedad y cómo la energía equilibradora de este poderoso símbolo puede tener un efecto unificador. Incluso durante los ensayos de la compañía, esta frecuencia vibratoria se transmite desde la sala de ballet a toda la ciudad. Y día tras día, el campo energético de la ciudad se entrelaza con la infinita energía vibratoria de la armonía. Los mundos se unen y se prepara el camino para una nueva unión.

En mi corazón se enciende la esperanza de que los maravillosos regalos que nos dejaron nuestros sabios antepasados y los sacerdotes y las sacerdotisas iluminados encontrarán su camino hacia nosotros.

El símbolo del ocho acostado

Todos sabemos cuál es el ocho y cómo se escribe. El ocho acostado se parece a un ocho que se ha girado horizontalmente. Se trata de un lazo cerrado que simboliza lo absoluto y lo infinito. No tiene principio ni fin. El ocho acostado contiene en sí un movimiento continuo y representa, por lo tanto, el desarrollo perpetuo y el equilibrio de todas las dualidades. Se denomina también *lemniscata*, un concepto que fue acuñado en el siglo XVII por el matemático suizo Jakob Bernoulli. Con este símbolo conseguimos que todo tenga un equilibrio saludable. El ocho acostado es para mí una de las grandes claves para una nueva comunidad. Si queremos encontrar el equilibrio y volver a un modo de vida armonioso, también tenemos la posibilidad de crear armonía y equilibrio a nuestro alrededor. Del extremo del demasiado o del demasiado poco hasta la armonía, encontrar el equilibrio desde el énfasis excesivo: precisamente ése es el camino que iniciamos al plasmar el ocho acostado.

El desarrollo continuo que fomentamos con el ocho acostado nos permite ir por el camino de la iluminación, equilibrar las fuerzas en nuestro interior y experimentar la plenitud en nuestra existencia terrenal. La dualidad ya no es percibida por nosotros como una carga, y el paraíso que es la Tierra se crea a través de la armonía y la mesura de esa dualidad. Nos volvemos conscientes de que siempre habrá dualidad en nuestra existencia terrenal, y es este conocimiento el que nos lleva a la relajación y nos permite experimentar la armonía.

El ocho acostado en las diversas culturas

En las diferentes culturas nos encontramos una y otra vez el ocho acostado como signo del infinito o como serpiente. La serpiente cuyo cuerpo perfila un ocho acostado guarda el secreto del camino que lleva de vuelta a la unidad y a una existencia próspera.

Así, las joyas que llevaban los faraones egipcios en la frente están adornadas con el cuerpo de una serpiente en forma de un ocho acostado. También en el ámbito cultural indio las serpientes se relacionan con la *lemniscata*. Las encontramos, por ejemplo, en la representación del poder de la kundalini. La kundalini es la energía que hay que despertar en nuestro viaje terrenal hacia la iluminación. Es la fuerza de la vida que, según las enseñanzas del tantra, se encuentra en nuestra pelvis de forma simbólica como dos serpientes enroscadas. Asimismo, el ocho acostado lo hallamos en el caduceo de Hermes.

La serpiente, que también se asocia al pecado original y a la expulsión del Paraíso, nos ayuda hoy a encontrar el camino de vuelta a la unidad. Nos muestra lo importante que es poner nuestras fuerzas al servicio del gran plan divino.

Ella es para nosotros una ayudante que sana, y con ella volvemos de lo que separa a lo que acerca, a lo que une. El ocho acostado nos ayuda a dejar atrás toda tendencia a la manipulación para, en su lugar, encontrar la fuerza del equilibrio y del reconocimiento de la polaridad. Con esto, tenemos en nuestras manos una llave para las energías vividas de paz y armonía en la Tierra. Es la energía de la serpiente la que nos permite descubrirnos mejor.

Nos tienta una y otra vez para mostrarnos nuestro grado de madurez, pone a prueba nuestra constancia, nuestra autenticidad, nuestra veracidad, nuestra comprensión, nuestro amor incondicional, nuestra paciencia y nuestra sabiduría vivida.

Una vez aprendido esto de nuestro análisis original con la dualidad, en ese instante en que ya hemos llegado a nuestra totalidad, hemos de dejar de temer a la serpiente. Entonces es cuando se convierte en nuestra protectora, en la que nos trae la salvación de nuestra expansión infinita, en la guardiana de la sabiduría del ocho acostado y en la protectora del plan de creación divino y de toda su magia.

Por consiguiente, no es de extrañar que la asociación de los símbolos de la serpiente y del ocho acostado se utilizara con tanta frecuencia y en todas las culturas como un símbolo de poder de los gobernantes.

Espiritualmente, el número ocho es el número del iniciado que ha pasado por los siete niveles del despertar y atravesado los siete cielos. El ocho es el número asociado al poder de la resurrección y la regeneración. Simboliza el poder de la felicidad y el paraíso reconquistado. Se considera un número imperial. La corona imperial, la corona de los reyes y la del emperador del Sacro Imperio Romano tienen una forma básica octogonal y muchos de los planos de los edificios imperiales equivalen también a un octógono.

En Egipto hallamos el número ocho no sólo como el adorno de la frente del faraón, sino también como el número de Thot, el dios de las leyes, la sabiduría, la magia y las ciencias (especialmente de las matemáticas y la astronomía). A Thot se le equipara a Hermes en la mitología griega y se le considera el inventor de la geometría y los números. Es uno de los guardianes del umbral del reino de los muertos, que toma nota de todos los actos de las almas que quieren cruzar el río hacia el reino de los muertos.

Allí, en el umbral, se valoraba cuán pesadas eran las ofensas del alma en relación con la pluma de la verdad. En el cristianismo, la pila bautismal, símbolo del renacer, tiene forma octogonal. Algunas capillas e iglesias disponen igualmente de una planta octogonal. Además, hay ocho bienaventuranzas, y se dice que ocho personas sobrevivieron al diluvio, según las tradiciones antiguas. En el budismo, el ocho se considera la realización de todas las posibilidades, y existen ocho signos de la suerte. En el hinduismo, el 8 x 8 representa el orden del mundo celestial establecido en la Tierra. Nos encontramos con ocho soles, el día se divide en ocho partes, hay ocho zonas del mundo, así como ocho chakras. Los templos hindúes están construidos también sobre esta base de simbolismo del 8 x 8. En el islam encontramos a ocho ángeles que sostienen el trono que rodea el mundo. Corresponden a las partes del espacio, así como los ocho grupos de letras del alfabeto árabe. En Japón hay ocho dioses en el cielo. El número ocho se llama en japonés también «los muchos». En la tradición judía de la cábala, el ocho corresponde a la inteligencia perfecta.

El ocho significa «brillo» y es el valor numérico de Yavé y, por lo tanto, se le considera también el «número del Señor». El templo del Señor fue consagrado al octavo día. También nos encontramos al ocho y su significado especial en los griegos, por ejemplo, en Platón. Hablaba de que había ocho esferas de diferentes colores que, a su vez, rodeaban la columna luminosa del cielo. Según Pitágoras, la energía del ocho se asocia con la solidez.

El caduceo de Hermes

Hermes es el mensajero griego de los dioses. Su tarea consistía en llevar los mensajes del pueblo a los dioses y viceversa. Con los romanos se convirtió en Mercurius o Mercurio. El caduceo de Hermes o el de Mercurio es, pues, el mismo, pero no debe confundirse con la vara de Asclepio. Mientras que en ésta última sólo hay una serpiente que enrosca su cuerpo alrededor de la vara, en el caduceo de Hermes tenemos dos serpientes que elevan sus cuerpos en lazos de ochos continuos alrededor de una vara. En el extremo superior de la vara, donde aparecen colocadas dos grandes pares de alas, las serpientes se miran entre sí.

El caduceo de Hermes es un símbolo de unión entre la energía masculina y la femenina o de los opuestos que se elevan conjuntamente en armonioso equilibrio desde lo terrenal y se dirigen unidos a lo divino celestial.

El caduceo de Hermes, al igual que la vara de Asclepio, se utiliza en la medicina como un símbolo para la sanación. Si bien la vara de Asclepio expresa una visión unilateral, sólo hay una serpiente que se enrosca hacia él, en el símbolo del caduceo de Hermes descubrimos la totalidad y la inclusión del cuerpo y espíritu o del alma. Las dos serpientes simbolizan además la dualidad, lo masculino y lo femenino. Las alas representan lo divino. Por lo tanto, el caduceo de Hermes alberga en él la información de que se trata de la energía pacífica y armoniosa del equilibrio y de una unión. Cuando las dos serpientes vibran juntas en un movimiento lleno de armonía, se alcanza la elevada meta, es decir, lo divino.

En los libros de Omraam Mikhaël Aïvanhov encontramos descripciones muy precisas del camino del ascenso de las dos serpientes y mucho sobre lo que tiene que ver con nuestro sendero humano del despertar. Aïvanhov pone las serpientes del caduceo de Hermes como un plano sobre nuestro cuerpo para explicarnos la posibilidad del despertar a manos de este símbolo. El poder simbólico reside nuevamente en la conciencia de que, mediante la unión de aparentes opuestos, se crea la unidad, la totalidad o incluso la sanación.

Si queremos dirigir el mensaje del caduceo de Hermes hacia nosotros, es importante que entendamos que se trata una y otra vez de llevar un nuevo equilibrio en los opuestos. Sólo así creamos armonía interior o salud en todos los ámbitos de la vida. El movimiento infinito dentro del ocho acostado, es decir, el girar de las serpientes alrededor de la vara, nos muestra que todo está siempre en acción, desplazándose de un polo al otro incansablemente en esa búsqueda de equilibrio armonioso para crear unidad.

Hermes, el mensajero de los dioses, nos muestra en la tradición de un símbolo que la posibilidad infinita de la llama de la creación reside en el equilibrio. Tras superar las ilusiones terrenales, se crea en nosotros la unión entre el cielo y la tierra y, en consecuencia, también a nuestro alrededor. El caduceo de Hermes es conocido como el símbolo de los comerciantes y se utilizaba también en la Antigüedad como signo de los heraldos, a los que ofrecía cierta inmunidad.

El ocho acostado: un signo matemático

El signo del ocho acostado también nos lo encontramos en las ciencias, concretamente en las matemáticas. En esta ocasión, la *lemniscata* se emplea como un signo para lo infinito. El matemático John Wallis recurrió por primera vez a este símbolo en el año 1655 para expresar grandes cantidades infinitas. El uso del ocho acostado brinda a los científicos una posibilidad de asignación y cálculo para cantidades infinitas que de otra manera no podrían ser nombradas.

Un juego de números con el ocho

Para que comprendas mejor la idea, me gustaría regalarte esta pirámide de números. Tal vez así logres comprender y concebir mejor la magia del número ocho.

1 x 8 + 1 = 9
12 x 8 + 2 = 98

$$123 \times 8 + 3 = 987$$
$$1234 \times 8 + 4 = 9876$$
$$12345 \times 8 + 5 = 98765$$
$$123456 \times 8 + 6 = 987654$$
$$1234567 \times 8 + 7 = 9876543$$
$$12345678 \times 8 + 8 = 98765432$$
$$123456789 \times 8 + 9 = 987654321$$

La cinta de Möbius

Muy a menudo, la cinta de Möbius se representa como un ocho acostado, si bien ésta no es una *lemniscata*. Se trata de un objeto tridimensional, no bidimensional como sí que es el símbolo del ocho acostado. La cinta de Möbius es una superficie que únicamente tiene un canto y un lado.

El término «cinta de Möbius» proviene del matemático y astrónomo de Leipzig August Ferdinand Möbius, quien describió el fenómeno de la cinta de Möbius al mismo tiempo

que el matemático de Gotinga Johann Benedict Listig, pero de forma independiente de éste. La cinta de Möbius no es orientable: al mirar la cinta, no se puede distinguir entre la parte inferior y la superior ni entre el interior y el exterior. Si se empieza a colorear dicha cinta por un lado, al final toda ella estará coloreada del mismo tono.

¿Qué significa esto para nuestro día a día y para nuestro uso del ocho acostado? Los símbolos contienen la energía que representan. Mediante el uso de los diferentes símbolos, enviamos una llamada al campo de energía que nos rodea, y ese campo es el que nos devuelve la respuesta correspondiente. Dada la infinidad del ocho acostado, esto puede suponer un gran beneficio para nuestro desarrollo emocional, cognitivo, físico y espiritual. Experimentamos como si fuéramos unos seres infinitos con una posibilidad de expresión infinita de su individualidad. La dualidad se percibe como un componente favorable en la infinita posibilidad de despegue de ese poder de creación que habita en nosotros, ya no como una limitación de nuestros potenciales.

Con la *lemniscata* se nos da un instrumento de equilibrio mediante el cual aprendemos a gestionar mejor nuestra vida. Pasamos de la exclusión a la aceptación y la armonización, lo que, a su vez, fomenta nuestro infinito potencial de desarrollo. El signo del ocho acostado representa una cantidad infinita de regalos que nos tiene preparados la vida.

Por lo tanto, el uso constante de este símbolo apoya nuestra evolución hacia el ser creador que realmente somos. Entendemos que el poder humano reside en la aceptación, la integración y el equilibrio armonioso de la dualidad.

Acerca de la numerología del ocho

Naturalmente, el significado numerológico del ocho también está incluido en el ocho acostado. El ocho va después del número siete, que es el que describe los misterios. Por eso, éste incluye también la comprensión de la interacción entre el mundo visible y el invisible, y la inmersión en las conexiones de todo ser. Cuando aprendemos a ver más allá de los límites de nuestra mente, cuando abandonamos el corsé de nuestros patrones inculcados y nos libramos de las cadenas terrenales, tenemos la posibilidad de sumergirnos en el mundo de las oportunidades infinitas y de la expansión sin límites. El ocho en sí es completo, infinito, sin principio y sin fin. Encierra en él amor infinito, paz infinita, desarrollo infinito para todo aquello que nos podamos imaginar. La representación geométrica del ocho se realiza a través del octógono u octágono. Es de nuevo esta figura geométrica la que pasa de la forma aún limitante y rígida de un cuadrado a un círculo infinito, sin principio ni fin. Dos círculos que se unen en un punto forman la representación del número ocho.

Lo que aquí me parece destacable es el hecho de que el ocho se considere también el número de los habitantes de la Atlántida. Desde el hundimiento de la Atlántida, quienes sobrevivieron a éste se llamaron los ochos. Si partimos de que hubo una civilización muy desarrollada en la Atlántida y de que, en su apogeo, cada ser se caracterizaba y se dejaba llevar por la iluminación y una profunda unión, entonces también entenderemos que el afán de los sacerdotes y las sacerdotisas era salvar esta sabiduría de la Atlántida en una nueva era. Si ahora relacionamos estos antiguos tesoros espirituales con nuestro tiempo, podemos ver que el número ocho y la simbología de la *lemniscata* tienen un significado aún mayor de lo que tal vez hemos sido capaces de ver en ella. El flujo equilibrador de la *lemniscata* nos ayuda a captar el misterio de nuestras vidas. Cada mirada a este símbolo y cada uso del ocho acostado nos recuerdan la antigua sabiduría infinita del camino de la iluminación de los tiempos de apogeo de la Atlántida. Nuestras células entran en resonancia con esta información y apoyan nuestro camino hacia una vida despierta.

El ocho nos ayuda a comprender los ciclos continuos de la vida, y a entender la muerte y la reencarnación, no sólo en nuestra cabeza, sino en cada una de nuestras células, pues en todas ellas llegamos a sentir su profunda vibración. Cuanto más nos reconciliemos con estos ciclos y más natural resulte la aceptación en nuestro cuerpo, más fluida será nuestra vida. No habrá nada de lo que nos tengamos que defender en cuanto hayamos integrado este conocimiento en lo más íntimo de nosotros y readaptado todo nuestro comportamiento. Así, nuestro camino de encarnación más terrenal se torna en consecuencia más luminoso y, también, más fácil. Los sabios sacerdotes y sacerdotisas de la Atlántida quisieron dejarnos una simple pista. Una forma de entender que el camino de la ascensión de las esposas terrenales de la dualidad no consiste en juzgar o separar las dualidades, sino en relacionar los opuestos en una nueva unidad. Tan pronto como entendamos esta sabiduría infinita, disfrutaremos de la paz que anhelamos en nuestro interior. Se nos brinda la oportunidad de relajarnos y amar por igual todas las formas de expresión de la vida en la Tierra. La sanación se produce dentro de nosotros y a nuestro alrededor. Toda división significa muerte, pues quien divide el mundo lo destruye. La transformación de destrucción en unidad reside en la unificación y en el equilibrio de los opuestos.

La nueva sociedad surge de la transformación de los pensamientos y las acciones que separan hacia la energía de la unificación, que viene representada por el ocho y el ocho acostado.

El ocho representa igualmente la gracia de la vida eterna y el perfecto equilibrio cósmico. Su centro se mantiene en reposo, mas a su alrededor está el flujo lleno de vida que vuelve eternamente. El espíritu se introduce en la materia, entiende sus leyes, las supera, sale del punto absoluto de estancamiento para volver de nuevo al continuo original. Toda materia consta de luz y vibración. La luz es capaz de superponerse a la luz, y ahí es cuando surge una sombra. Pero cuando la luz eclipsa otra luz, al final sólo queda luz. Tenemos la posibilidad de dejar la luz fuera de nuestras vidas, pero nunca podremos sacar de ellas la vibración, porque todo es vibración. Todo lo que nos rodea, y también lo que nosotros mismos somos, vibra y está en movimiento. Podemos decir que toda materia, de alguna manera, «brilla».

El mundo es un espejo mágico que recoge todas nuestras posibilidades. Sin embargo, en función de nuestro punto de vista y desarrollo, sólo libera aquello que estamos dispuestos a entender. Toda la Tierra está marcada por la ley de la polaridad, toda nuestra existencia está inundada de ella, y ésta representa el área de aprendizaje y tareas para el alma y el espíritu de todos los seres. Únicamente es en el centro de la fuente creadora donde no existe polaridad, y cuando estamos allí, experimentamos la perfección de la totalidad absoluta.

El ocho representa el flujo de la vida hacia esta totalidad. Representa la armonía absoluta y también la creación de algo inmortal, algo que nos perdurará a nosotros y a nuestra vida durante muchas generaciones. Nos ayuda a apartar los trastos viejos de nuestros corazones, a dirigir nuestra atención hacia la alegría y la facilidad, para dejar de verlo todo como pesado y estancado. Con el ocho acostado nos resulta sencillo reconocer nuevos caminos. Nos quitamos las vendas de los ojos y, de repente, contemplamos el mundo que nos rodea con una consciencia ampliada. En nuestro interior concluimos convencidos que podemos empezar de nuevo cada día, que tenemos un número infinito de posibilidades y que está en nuestra mano crecer y expandirnos cada día.

El número ocho nos enseña a estar atentos a nosotros mismos y a todos los seres vivos que nos rodean. Atención también en lo referente a la voz de nuestro corazón y la manifestación de lo que ésta nos susurra. Con el ocho permitimos que esa atención de la que hablamos fluya en todos nuestros encuentros, pensamientos y acciones, y también desarrollamos atención en nuestro lenguaje, pues éste es un valeroso instrumento del poder creador.

El ocho nos ayuda a sentir siempre curiosidad por lo nuevo, a ver la vida como un río que se renueva constantemente y a seguir su curso sin miedo, a estar lleno de alegría para partir una y otra vez hacia nuevos rumbos. El ocho nos mantiene en movimiento y nos proporciona una armonía interior que puede salir constantemente de nosotros para impregnar nuestro entorno con él. Fomenta en nuestra persona el intercambio armonioso con nuestro entorno y nos ayuda a ver lo que une. Nos permite comprender la polaridad, lo ajeno y también lo desconocido, y apoya las soluciones pacíficas.

Del mismo modo, el ocho es el número de los arquitectos, de los constructores, de los escultores y de todos aquellos que quieran crear algo duradero, exactamente igual que los sacerdotes y las sacerdotisas se propusieron crear algo válido para la eternidad. Nosotros somos los constructores de un nuevo mundo, de un espacio nuevo en la Tierra que debe perdurar para nosotros mismos y para los que vengan después. Las experiencias de la Atlántida deberían recordarnos una y otra vez que estamos aquí y ahora para crear este nuevo mundo con el espíritu de la unión y del equilibrio, sí, de la unidad perfecta.

El ocho acostado en el tarot

En una época en que estaba prohibido transmitir el conocimiento sobre las conexiones, porque a los poderosos no les gustaba que la gente fuera independiente, libre y fuerte, los sabios hallaron un sistema en el que la sabiduría universal se pudiera sostener de forma abierta, aunque sólo la podían descifrar los iniciados, y no cayera en el olvido. El tarot nació para revelar la verdad sobre las leyes universales, la magia de todo ser y las relaciones cósmicas, y acercarla a su verdadero poder creador. Los símbolos sagrados se encuentran en las imágenes del tarot.

El viejo conocimiento perduró durante varios siglos, esperando con paciencia a que se despertara la gente y quisiera aplicar esta antigua sabiduría para su iluminación. Si aprendemos a leer y a aplicar bien el tarot, descubriremos que se trata de una escuela inagotable de sabiduría que nos puede llevar a la perfección interior en nuestro camino de iniciación. Sin duda, una gran ayuda para todos aquellos que están en la búsqueda de la sabiduría universal y las conexiones de todo el ser.

Una escuela de exploración personal y de desarrollo hacia una vida consciente.

La pregunta que puede surgir aquí es: ¿qué tiene que ver el tarot con el ocho acostado? La *lemniscata* también se encuentra en el antiguo tesoro transmitido de los símbolos del tarot, es decir, en tres cartas clave en relación con nuestra existencia terrenal y nuestras posibilidades de desarrollo. Hoy en día hay muchos adornos artísticos en las cartas del tarot, y encontramos también una amplia gama de barajas de tarot, pero no todos los artistas han adoptado los antiguos símbolos. Las cartas del Tarot Rider Waite y también las del Tarot Aura Soma utilizan los símbolos y signos originarios.

La *lemniscata* la encontramos en los arcanos mayores en la carta de El Mago, con el número uno. El Mago lleva en el dibujo la *lemniscata* encima de su centro de la corona. Por muy sencillo que parezca este símbolo a primera vista, lleva, sin embargo, toda la sabiduría del plan terrenal consigo.

Para nosotros, esto es la señal de que nuestro plan del alma alberga el deseo de volver a la unidad o al ser uno reconociendo las posibilidades infinitas de desarrollo que encontramos en la dualidad y siempre a través del equilibrio adecuado de estas dualidades. La carta de El Mago nos revela nuestra verdadera posibilidad de creación y nos recuerda que llevamos en nosotros el poder de la transformación. Podemos utilizarla en función de nuestro nivel de desarrollo. Las herramientas mágicas son en sí neutrales, depende del mago el utilizarlas en beneficio de todos los seres vivos o para manipularlos. El objetivo de nuestra encarnación terrenal es caminar por la senda de la luz y el amor incondicional. Aprendemos a no juzgar ni negar la dualidad, sino a equilibrarla. Esto crea dentro de nosotros mismos la totalidad, nos sana. El ocho acostado nos ayuda a conectar los opuestos y a llevar todo el espectro del ser terrenal dentro de nosotros hacia un nuevo orden y una aceptación llena de amor. El Mago nos enseña lo importante que es para nosotros aquí en la Tierra orientar nuestra mayor atención hacia lo que nos conecta y equilibra. Al aceptar y recibir la dualidad dentro de nosotros mismos, volvemos a estar completos y activamos todos los poderes disponibles en este planeta para transformar nuestro espacio vital. En ese preciso momento, nosotros nos convertimos en El Mago sabio.

La segunda carta del tarot en que aparece la *lemniscata* es en el Dos de Copas, en los arcanos menores. La carta es nuestra segunda clave y una señal muy útil de cómo podemos llevar nuestro viaje terrenal a la perfección. Las copas simbolizan nuestro cuerpo emocional y nuestros sentimientos. La carta lleva el número dos, y el dos es el número del anhelo de conexión, de la dualidad, de la polaridad y del conocimiento de que sólo si aceptamos el tú podrá existir un nosotros pacífico.

El Dos de Copas con la *lemniscata* como símbolo unificador nos indica que la clave está en reconocer todos nuestros sentimientos y en equilibrarlos. La infinita amplitud de nuestros sentimientos apoya o dificulta nuestro camino hacia la iluminación. Cuando aprendemos con el ocho acostado a poner nuestros sentimientos en un equilibrio sabio, volvemos a ser los creadores de un nuevo mundo. El mayor obstáculo en nuestro camino hacia el pleno despertar, hacia el ser consciente y la iluminación, es nuestro campo emocional. Una vez estemos preparados para abrazar la dualidad dentro de nosotros y aceptar la unión del aspecto masculino y femenino dentro de nosotros, habremos llegado a nuestro pleno poder de creación.

Aquí te pido que no te limites sólo a leer así estas líneas o a asentir con la cabeza, en plan de «Sí, sí, es cierto, ya lo sé desde hace tiempo». Siente en tu interior dónde no estás preparado todavía para abrazar con amor tus sentimientos no tan llenos de luz. ¿Qué pasa cuando percibes en ti pensamientos y sentimientos de envidia, celos, rabia, enojo, odio, pereza, insuficiencia ? ¿Cómo te enfrentas a ello? ¿Lo ves como un factor perturbador, como algo que hay que combatir, como un fracaso en tu camino del despertar espiritual?

¿O simplemente lo aceptas tal cual y pones empeño en investigar con tranquilidad por qué es así y qué puedes hacer para integrar tus sentimientos?

Cuánto nos gusta ver reinar en nosotros los buenos sentimientos como el amor, la alegría, la comprensión, la compasión, la paz , y cuántas veces nos juzgamos duramente cuando los sentimientos menos buenos que hay en nosotros se imponen. Muy a menudo compruebo en seminarios cómo los participantes se avergüenzan, y mucho, cuando perciben en sí mismos sentimientos supuestamente malos u oscuros. Todos ellos se combaten a continuación, pero en el camino siempre aparecen la autocrítica y la condena a la propia persona.

Sin embargo, la *lemniscata* nos ayuda de forma sencilla a reconocer también las polaridades dentro de nosotros como una ley de este mundo. Se trata de no quedarse atrapado en esos sentimientos o pensamientos negativos, de poner equilibrio en nuestro cuerpo emocional y de transformar todo aquello que impide nuestro crecimiento. La conexión de los opuestos nos muestra en la carta del tarot el Dos de Copas: todos nuestros sentimientos son una parte de nosotros, y todos ellos tienen su derecho, son ese espcjo en que se refleja nuestro estado de ánimo interno.

La tercera carta en la que encontramos la *lemniscata* pertenece también a los arcanos mayores y se llama La Fuerza. Lleva el número ocho, y en ella vemos a una mujer dulce abriendo la boca de un león con sus propias manos, y encima de su chakra corona aparece de nuevo la *lemniscata*. Esto es, una vez más, la señal para nosotros, los aprendices, de que tenemos la fuerza y el valor para vivir nuestras vidas en armonía, como siempre hemos soñado hacerlo, por ejemplo, cuando unimos la energía masculina y la femenina dentro de nosotros. A los sentimientos y a la mente se les permite que formen un todo, y nosotros también entramos en nuestro camino de la cognición en el conjunto armonizador y equilibrador. Qué sabio y maravilloso por parte de los antiguos maestros el hecho de que nos hayan transmitido con el símbolo del ocho acostado en estas tres cartas clave una guía de nuestro camino hacia la perfección, que reside en la aceptación y el equilibrio de la dualidad. Al aprender a reconciliarnos con las leyes de la Tierra y comprender profundamente la dualidad que nos rodea de forma constante, desde el momento de nuestra concepción hasta nuestra transición aquí en la Tierra, tenemos la oportunidad de dar a nuestras vidas una orientación del todo nueva.

Gracias a los ejercicios con el ocho acostado, nos devolvemos a nosotros mismos la fuerza y el poder creador, y somos capaces de emplear nuestros recursos energéticos con sabiduría y en beneficio de todos los seres vivos. Salimos de nuestros dramas emocionales y empezamos a ser creativos y felices, y nos sentimos completos por dentro. La clave está en las infinitas posibilidades de desarrollo que aprendemos a comprender y aplicar en lo más profundo de nuestra persona al reconocer la dualidad y el movimiento continuo dentro del ocho acostado. Ingeniosamente simples y universales, así es como veo el uso y la comprensión de la profunda enseñanza hacia la sabiduría universal que este símbolo puede transmitirnos.

El significado del ocho desde la perspectiva china

En chino, el número ocho se pronuncia igual que «riqueza» y «prosperidad». Por eso está entre los números que dan suerte y son positivos. Este número tiene un significado tan grande en China que incluso los Juegos Olímpicos de Pekín fueron inaugurados el 08/08/2008, exactamente a las 08:08 horas.

En la tradición china del fengshui, encontramos la energía equilibradora de los ocho trigramas, que son una guía útil para el diseño armonioso de nuestros espacios de vida y de trabajo. La antigua sabiduría del fengshui es un verdadero tesoro de conocimientos sobre la armonía de todo el ser. En China son muchos los bancos, las instituciones financieras, los edificios de la vida pública y del Estado, y las casas y viviendas privadas que se planificaron, edificaron y amueblaron tras una consulta detallada con un maestro de fengshui.

Al igual que en la medicina tradicional china lo habitual es considerar al ser humano en su totalidad una unidad de cuerpo, mente y espíritu, también es completamente normal en la creación del entorno diario generar un flujo de energía o Chi lo más armonioso posible.

La fuerza de la vida se ve en el equilibrio y no en el aislamiento. Las ocho áreas o trigramas diferentes se asocian con las personas que habitan espacios o los utilizan como lugares de trabajo. Y es que el objetivo de todas las medidas fengshui es crear el mayor equilibrio posible entre las personas y el espacio. El ocho hace hincapié en que la vida es felicidad, armonía y prosperidad.

En muchas imágenes chinas aparecen los llamados ocho inmortales. Se presentan como ochos sabios, cada uno de los cuales tiene un talento único. Todos son inmortales y trabajan juntos en beneficio de quienes les piden ayuda. Cada uno de los ochos utiliza su talento especial para lograr algo extraordinario. De este modo, según la tradición, han sido capaces de cruzar el mar sin la ayuda de un barco o barca, confiando sólo en el poder de sus talentos. Desde tiempos inmemoriales, los humanos nos hemos preocupado por la infinidad del tiempo y del espacio.

Esos ochos inmortales son una expresión mágica del hecho de que el tiempo no existe realmente y de que hay algo así como el infinito.

También en el *I Ching*, el libro de la transformación, encontramos los ocho trigramas y, por tanto, de nuevo la energía del ocho. El *I Ching* es una sabia guía de la vida para todos los momentos de nuestro ser y, al igual que el tarot, nos regala una forma de comprender mejor las conexiones entre el cielo y la tierra y todo el ser. Los antiguos sabios se encargaron de hacérnoslo llegar para iniciarnos en los misterios de la vida.

No obstante, el ocho también está muy presente y resulta esencial en las verdaderas y antiguas artes marciales. Muchos movimientos forman parte del lazo del ocho y nos conducen a través de él al siguiente movimiento. El ocho está profundamente conectado con la vida y la muerte, porque cada acción o movimiento dentro de la lucha podía preservar la vida o traer la muerte. Hoy en día, cuando observamos los movimientos en el taichí, el qigong, el kárate o el kung-fu, encontramos el ocho muy rápidamente. En las artes marciales antiguas, siempre se trata de una conexión entre el hemisferio izquierdo y el derecho del cerebro, es decir, de una coordinación de la parte izquierda y derecha del cuerpo.

Nunca se entrena una mano sola o un pie solo, sino que la atención se centra en la totalidad y el uso de todo el potencial.

La neutralidad está por encima de los entrelazamientos de los sentimientos y, por tanto, conduce al verdadero poder y a la creatividad. Los monjes de los monasterios Shaolin practican las antiguas artes marciales durante toda su vida. No se trata de luchar contra un enemigo externo, sino de buscar el equilibrio dentro de sí mismos. El objetivo de sus esfuerzos es fortalecer y equilibrar la energía del ocho en el interior, así como dirigir su atención al punto perfecto de quietud y centrado y, por tanto, a la máxima atención. De esta alineación interior hacia un equilibrio perfecto, un equilibrio de izquierda y derecha, arriba y abajo, dentro y fuera... y la presencia infinita en el aquí y ahora, surge esta expresión incomprensible del cuerpo y la mente, el hecho de pasar por alto las leyes de la gravedad, que nos asombra una y otra vez cuando vemos a estos monjes practicando sus artes marciales.

Nuestras infinitas posibilidades de desarrollo

Al utilizar el símbolo del ocho acostado, bien llevándolo como joya, bien dibujándolo en diferentes lugares, nos abrimos a la diversidad de la vida de una nueva forma armoniosa. El ocho acostado nos transmite el poder de lo infinito y fomenta en nosotros una orientación hacia la armonía y el equilibrio. Con este símbolo nos abrimos a una cantidad infinita de posibilidades de solución y, por tanto, también a una cantidad sinfín de caminos. Reconocemos nuestras infinitas posibilidades y descubrimos una flexibilidad nueva a la hora de pensar y actuar. Empezamos a creer que todo es posible. A través del equilibrio en nuestro ser experimentamos una orientación nueva hacia lo esencial. Con el ocho acostado, activamos el potencial que está oculto dentro de nosotros y obtenemos un mejor acceso a nuestros recursos. En cuanto reforzamos nuestro centro y encontramos nuestra armonía natural, desaparece todo ese esfuerzo que normalmente necesitamos para equilibrarnos.

Se libera así un enorme campo de energía que está a nuestra entera disposición para realizar lo aparentemente imposible. Las montañas legendarias sólo las mueve aquel que descansa por completo en su centro y que puede recurrir al poder de su energía dorada acumulada, que se ubica exactamente en ese centro, en la intersección de ambos lados de la vibración del ocho.

Ejercicio: Diseña tu propio ocho acostado

Necesitarás cartón, hojas para dibujar, lápices, pegamento y tijeras. Tómate tu tiempo para tu propio ocho. Debe contener todo lo que te gustaría que estuviera presente en tu vida. Haz una lista de aquello que deseas en la *lemniscata*. Elige el tamaño de tu ocho de tal manera que active o armonice una pared de tu casa, la zona de la entrada o, desde el punto de vista del fengshui, la parte más rica de tu hogar. Vuelve a dibujar la línea a una distancia constante, ya sea por dentro o por fuera, para que parezca un borde. Eso sí, comprueba que dicho borde no sea demasiado estrecho. Recorta el ocho y empléalo a modo de plantilla para seguir dibujando. Repasa los bordes con un lápiz y diseña el espacio entre ambas líneas. Escribe, pinta o dibuja cualquier cosa que quieras en tu vida. Recuerda esto siempre: será tu propio ocho acostado de las posibilidades infinitas y de las infinitas posibilidades de desarrollo. Tómate tranquilamente unos días para llenar tu ocho con todo lo que te gustaría tener.

Escoge lo que te apetezca hacer mientras lo diseñas: escuchar música especialmente agradable, quemar una mezcla de incienso relajante o encender una vela e invitar a tu ángel. Sólo tienes que asegurarte de que dispones de tiempo suficiente, de que estás interiormente tranquilo y en paz, y de que eres capaz de diseñar tu ocho con serenidad. Si te sientes satisfecho con el resultado, recorta tu ocho y pégalo en la plantilla de cartón. Por supuesto que también puedes activar la otra cara de la plantilla y diseñar otro ocho con diferentes deseos y pegarla. Para que tu ocho dure más, plastifícalo. Ponlo en ese lugar que hayas designado para él. Tu ocho representa las infinitas posibilidades de tu vida y debe recordarte siempre que tu poder creador no conoce límites, sino que es infinito. Se trata de una decoración individual del espacio con grandes posibilidades de desarrollo y apoyo. Por supuesto, y si cuentas con las herramientas necesarias, también puedes diseñar un ocho de metal o madera.

El equilibrio de los hemisferios del cerebro

El ocho acostado se utiliza en los más diversos enfoques de terapias para lograr el equilibrio de nuestros dos hemisferios cerebrales. Cuando nuestro lado racional y nuestro lado emocional interactúan de forma óptima y están en equilibrio, nos sentimos bien con nuestras vidas. Todas las vivencias relacionadas con nuestros sentimientos y nuestro cuerpo emocional parten de nuestro hemisferio derecho del cerebro, mientras que la razón le corresponde a nuestro hemisferio izquierdo. Sin embargo, en el resto de nuestro cuerpo ocurre justo lo contrario. Aquí el lado izquierdo se relaciona con los sentimientos y con la energía femenina y, además, es dirigido por el hemisferio derecho del cerebro. Por el contrario, la parte derecha del cuerpo está sujeta al poder masculino y racional, y es dirigida por el hemisferio izquierdo.

A lo largo de nuestra vida, se activa más un hemisferio u otro. En nuestro mundo occidental, muy centrado en el aprendizaje, en la teoría y en el uso del intelecto, la actividad racional superior del hemisferio izquierdo del cerebro es casi siempre una consecuencia del programa educativo por el que todos hemos pasado.

Con frecuencia nos cuesta acceder a nuestro hemisferio derecho del cerebro o incluso son muchas las veces en que tememos a nuestros propios sentimientos. Por lo general, podría decirse que no hemos aprendido a aceptar los sentimientos como algo útil ni a prestarles la debida atención. En nuestro mundo, los sentimientos a menudo son vistos como una expresión de debilidad y, por lo tanto, la atención se centra más bien en el superdesarrollo extremo de nuestro hemisferio cerebral izquierdo, que reflexiona y es materialista.

Todo nuestro sistema educativo fomenta esta estrategia de desarrollo unilateral y se muestra orgulloso de ello. Sin embargo, la atrofia del hemisferio derecho del cerebro también se hace notar en nuestra sociedad, y esto no favorece nuestra convivencia. Las consecuencias saltan a la vista: adolecemos de frialdad emocional e indiferencia. Somos reacios a asumir la responsabilidad que nos corresponde respecto al bienestar de los demás seres humanos y apenas sentimos compasión hacia las criaturas de este planeta. Ésa es también una de las consecuencias de la activación unilateral de nuestro cerebro. El temer nuestros sentimientos y reprimir nuestro lado más sensible son fenómenos que van de la mano con el fuerte énfasis del hemisferio racional del cerebro.

Muchas personas admiten inseguridad en cuanto a sus sentimientos: afirman desconocer qué o cómo se sienten debido a que no han aprendido nunca a confiar ni en lo que sienten por dentro ni en la veracidad de dichos sentimientos. La mayoría de nosotros incluso ha percibido lo opuesto, esto es, que es doloroso e indeseable profundizar demasiado en los sentimientos. Muchos individuos de nuestra sociedad occidental, muy orientada al éxito, han decidido ya desde niños ignorar sus sentimientos en lugar de vivir confiando en ellos.

Hemos sido entrenados para el logro, el éxito, la velocidad, el egoísmo, la materia y el uso racional de nuestra mente. El sistema educativo ha tenido poca consideración –y tiene aún hoy en día poca consideración– con las formas de expresión creativas del hemisferio derecho del cerebro. Las pocas escuelas alternativas que ofrecen un título que la mayoría de las veces no está reconocido por el Estado se ocupan de la totalidad de las infinitas posibilidades humanas y fomentan por igual el desarrollo de los hemisferios izquierdo y derecho. Las personas que no desarrollan su hemisferio cerebral derecho, el de los sentimientos, el creativo, son más fáciles de dirigir, puesto que se les puede hacer creer que la materia es todo.

Nuestra comprensión mágica reside en el hemisferio derecho del cerebro y no en el izquierdo. Por lo tanto, si se nos entrena sólo para ocuparnos de la materia, competir y desbancar a los demás, nos convertimos en una masa muy fácilmente influenciable. Corrupción, falsedad, envidia, celos, odio, miedo, manipulación... son los efectos secundarios de una personalidad demasiado centrada en el hemisferio izquierdo del cerebro. En cuanto logremos la unidad y ambos hemisferios actúen en equilibrio, la separación se desvanecerá y, al aceptar los opuestos, nuestro sueño de la unidad podría hacerse realidad en la Tierra. La humanidad en su conjunto comprendería que la Tierra nos cuida a todos por igual y que la arrogancia y la manipulación aquí no tienen sentido, pues a los únicos a los que perjudicamos con semejante actitud es a nosotros mismos. Cuando nos obsesionamos con la competitividad y el materialismo, nos separamos del tú que nos rodea, y de ese modo se bloquean tanto nuestro despertar como nuestro camino hacia la iluminación. Si ahora ansiamos poner nuestros dos hemisferios en armonía, precisamos dosis de ejercicio y, por supuesto, la virtud de la paciencia.

Puede suceder que durante mucho tiempo hayas dado tanta prioridad a tu hemisferio cerebral izquierdo que ahora te lleve algo de tiempo sacar de su letargo al derecho, que es el que siente y es creativo.

También es importante que ambos hemisferios empiecen a trabajar juntos y que se les permita participar por igual en nuestra expresión de la vida y en la felicidad. A partir de este momento, la lógica y el sentimiento pueden ir de la mano e intercambiar de forma infinita su sabiduría. Concédete un margen para aprender a confiar de nuevo en tus sentimientos y en tu expresión creativa de la vida. Deja que tu actitud crítica (que depende del hemisferio izquierdo, racional) para contigo y tu progreso dé lugar a una perspectiva de vida amorosa y comprensiva. Esfuérzate en entrenar tu hemisferio derecho. Confía en la utilidad de tus ideas creativas. Nuestro cerebro es capaz de hacer mucho más que aquello que nos han enseñado. Nuestro genio y nuestro poder creativo surgen en gran parte de la interacción de los dos hemisferios de nuestro cerebro. La integridad y la salud residen en el equilibrio mutuo, y lo mismo sucede en lo que respecta a nuestro cerebro.

El núcleo de nuestro corazón, ese que nos gustaría utilizar más activamente, y la voz del corazón, la cual desearíamos percibir con mayor claridad, están igualmente conectados con nuestro hemisferio derecho, pues es en él donde reside la posibilidad de percepción y expresión de nuestros sentimientos. Nuestro cerebro constituye un centro de mando ideal, es nuestro aliado. Aprendamos a recurrir a este amigo fiel en toda su extensión, no nos conformemos únicamente con una fracción

de él. Nuestros dos lados tienen la capacidad de unirse y convertirse juntos en la expresión de nuestra vida.

Contamos con distintas herramientas que nos ayudan a activar los dos hemisferios. Una de las más efectivas es el ocho acostado. Además, existe también música compuesta específicamente para equilibrar los hemisferios cerebrales, encuéntrala en cualquier tienda de música bien organizada. Entre las terapias más conocidas para armonizar los dos hemisferios, destacan la kinesiología y el Brain-Gym, y ambas emplean en su práctica el ocho acostado. Asimismo, las personas más bien críticas han descubierto que trazar un ocho con ambas manos cruzadas por encima de la mitad del cuerpo ayuda a que los dos hemisferios del cerebro trabajen juntos. Por ejemplo, en el caso de los niños con dificultades de aprendizaje o falta de concentración, resulta muy útil trabajar la frecuencia de oscilación del ocho acostado. Al equilibrar los dos hemisferios del cerebro, se consigue una mejor coordinación entre el pensar y el sentir. Para favorecer la cooperación de nuestros dos hemisferios, es importante que nos acostumbremos a dibujar ese ocho acostado mediante movimientos con las manos cruzadas sobre la parte superior del cuerpo. Con los ejercicios físicos se consigue fomentar la conexión entre los hemisferios izquierdo y derecho del cerebro.

Si aprendemos a poner los dos hemisferios en armonía y a utilizar ambos de la misma manera, lograremos ampliar mucho más el espectro de la expresión de nuestra vida.

Cuando nuestra lógica y nuestra emoción se encuentran en equilibrio, podemos decir que nos sentimos bien en general. Entonces adoptamos decisiones sabias y nos vemos llenos de fuerza y vitalidad, nos percibimos a nosotros como competentes. Nuestras habilidades sociales también aumentan y nos sentimos mucho más livianos. Nos volvemos más compasivos con nosotros mismos y con todos los demás seres vivos, y nos blindamos mejor ante cualquier agresión. Cuando los hemisferios izquierdo y derecho del cerebro están en equilibrio, no nos convertimos fácilmente en víctimas de la explotación social, mejor dicho, aprendemos a equilibrar mejor nuestro síndrome innato de ayuda. Distinguimos cuándo es importante decir sí y cuándo es vital para nosotros que digamos no. Vemos en nosotros mayores competencias y reforzamos nuestra autoestima, así como nuestra asertividad positiva. Nuestra habilidad de pensamiento se optimiza, aprendemos más fácil y rápidamente, y retenemos mejor lo adquirido. Desarrollamos una mayor capacidad de concentración y reforzamos nuestra memoria.

En especial cuando se trabaja con niños, quienes aún se hallan en una fase muy activa de aprendizaje, se cosechan éxitos maravillosos mediante ejercicios de equilibrio kinesiológico. Lo cierto es que no me sorprende que precisamente en nuestro sistema educativo occidental cada vez se detecte un mayor número de trastornos del aprendizaje y déficits de atención en niños y adultos. Nuestros hijos llevan ya años revelándonos lo importante que es encontrar una forma equilibrada de comportamiento y educación. Burdamente, podríamos decir que nuestros hijos están en huelga y que con su actitud nos demuestran que esta forma de educación ya no es aceptable. Exigen con su comportamiento un cambio de pensar y de sentir. Permiten que nuestros sistemas educativos se derrumben y se niegan a seguir viéndose sometidos a una forma de sociedad que está absolutamente bajo el control del hemisferio izquierdo. Hablamos de una nueva Edad de Oro, del despertar, del ascenso, de la iluminación, de nuevas dimensiones, y nuestros hijos son viejas almas sabias que se encarnan para mostrarnos el cambio de dirección. Nadie jamás nos ha dicho que el cambio en la Tierra, de la que formamos parte, vaya a ser cómodo, y nunca se habló tampoco de velocidad, sino de atención, paciencia, continuidad y un aprendizaje continuo.

Siempre se ha insistido en desarrollar las verdaderas cualidades de oro que residen en nosotros como son el amor, la compasión, la armonía, el equilibrio, la paz, la aceptación, la atención, la nobleza de corazón y todas las buenas cualidades que nos gustaría vivir. El eterno río de energía que equilibra y que encontramos en el ocho acostado es el símbolo del despertar para todos nosotros.

Si soñamos con desarrollar una sociedad sana para el futuro, todos tendremos que aprender a utilizar de nuevo nuestros dos hemisferios. Hemos de dejar de darle demasiada importancia a un lado y centrarnos en alcanzar un nuevo equilibrio. Si bien no resulta tan difícil entender estas leyes, sí se requiere paciencia para poner en práctica estas ideas en nuestro día a día, o sea, en cada momento. Salir de la sociedad competitiva no es tarea fácil, y nuestra vanidad, que como bien es sabido se localiza en nuestro hemisferio izquierdo, ha sido entrenada de forma excelente durante las últimas décadas.

Ejercicio: Conecta los dos hemisferios cerebrales

Ponte de pie y yérguete. Empieza dejando caer la mano izquierda relajadamente junto al cuerpo y trabaja sólo con la derecha. El pulgar de la mano derecha ha de apuntar hacia arriba y con él tienes que describir un gran ocho acostado en el aire delante de tu cuerpo. El punto de cruce de los lazos del ocho debe coincidir frente a tu pecho en tu eje central. Los lazos del ocho deben estar equilibrados y ser de igual tamaño. Lleva la mano derecha hacia la izquierda y hacia la derecha en un movimiento que te resulte cómodo y te permita tener el torso recto. Sigue el movimiento con los ojos sin girar la cabeza. A continuación, cambia de mano y realiza el ejercicio ahora con la izquierda. Practica cada vez durante unos minutos.

Variante para avanzados

Con los brazos extendidos, coloca las dos palmas de las manos juntas frente a tu pecho a la altura del corazón. Ahora, con las dos manos juntas, haz un gran ocho acostado en el aire, muévete tanto hacia fuera a la izquierda como te resulte cómodo para cambiar luego en un lazo hacia la derecha.

Los lazos del ocho deben tener siempre su punto de cruce a la altura de tu pecho. Mantén el cuerpo y la cabeza quietos, pero sigue el movimiento con los ojos.

Asegúrate de respirar con calma y profundamente. Al cabo de unos minutos, sentirás que la calma y la quietud entran en tu interior. Los hemisferios izquierdo y derecho comienzan a relajarse y a conectarse mejor entre sí. El estrés se reduce y la paz interior puede expandirse. Mediante la repetición del ocho acostado, lograrás conectar ambos hemisferios de una forma muy sencilla y eficaz, y, como resultado, te sentirás más animado y atento. No tienes que pensar nada en especial. Concéntrate únicamente en el movimiento y confía en que el ocho acostado está trabajando para tu máximo bienestar. Basta con 12 a 20 repeticiones en una dirección; luego cambia y repite todo de nuevo de 12 a 20 veces.

CONSEJO: Recuerda que este ejercicio sólo te llevará unos minutos, y que no importa a qué hora del día lo practiques. Vuelve a él siempre que te encuentres desconcentrado o necesites sentirte seguro rápidamente.

Realiza unos cuantos lazos del ocho acostado frente a tu corazón. Como las manos siempre están contigo, este ejercicio resulta fácil de hacer en cualquier lugar. Sólo tienes que acordarte y hacerlo.

Ejercicio: Dirige

Aunque éste es un ejercicio para avanzados, es fácil de aprender. Comienza de nuevo con el movimiento delante de tu pecho a la altura del centro de tu corazón. Ahora mueve la mano izquierda hacia fuera a la izquierda y al mismo tiempo la mano derecha hacia fuera a la derecha, y escribe de nuevo un ocho acostado en el aire. Deja que ambos ochos se crucen en un punto en el centro de tu pecho.

Dedica unos minutos a este movimiento, que recuerda a un director dirigiendo a su orquesta en el compás de tres por cuatro. Repítelo tantas veces como quieras, o cuando necesites una dosis de concentración.

Ejercicio: Nariz - oído

Tócate con los dedos de la mano izquierda suavemente la punta de la nariz y con los dedos de la mano derecha la oreja izquierda. Tu brazo derecho se cruza con el izquierdo. A continuación, aparta los dedos de la punta de la nariz y de la oreja al mismo tiempo, y pasa a tocar la punta de la nariz con los dedos de la mano derecha y la oreja derecha con los dedos de la izquierda. Mientras realizas el cambio, las manos trazan la forma de un ocho acostado frente a tu cara. Este ejercicio entrena tu capacidad de concentración y el equilibrio de los hemisferios izquierdo y derecho. También te ayuda a estar más tranquilo y centrado. Si ya lo haces con precisión, resulta muy meditativo cerrar los ojos durante el ejercicio y conectar el cambio de los movimientos de las manos con la respiración. Notarás cómo aumenta tu capacidad de concentración.

Ejercicio: La trompa del elefante

Tócate con los dedos de la mano izquierda la punta de la nariz. A continuación, pasa la mano derecha por el lazo que está formando tu mano izquierda. Estira el brazo derecho a través de él y dibuja un ocho con la mano derecha. Sigue el movimiento con los ojos. Después de unos minutos, cambia de mano y tócate la punta de la nariz con los dedos de la mano derecha. Estira el brazo izquierdo a través de él y dibuja un ocho.

CONSEJO: Éste es también un gran ejercicio para los niños.

Estos ejercicios de conexión nos brindan un mejor acceso hacia nuestro potencial creativo, que reside en nuestro interior y del que normalmente sólo utilizamos una mínima parte. No es que no queramos usarlo, sino que nadie nos ha enseñado a unir nuestros dos hemisferios para que funcionen como un buen equipo. El ocho acostado nos ayuda enormemente a llevar todo nuestro ser hacia una nueva orientación.

Vivimos en la dualidad y ansiamos la armonía

Aunque la mayoría de la gente desee lo contrario, es un hecho que aquí en la Tierra vivimos en un mundo dual. Nuestra vida transcurre entre el día y la noche, la luz y la oscuridad, el bien y el mal, el frío y el calor, lo femenino y lo masculino, lo ligero y lo pesado, el yin y el yang, el arriba y el abajo, la plenitud y el vacío... Sí, resulta incluso que sólo llegamos a distinguir los dos lados a partir del conocimiento de los opuestos. Si no hemos llegado a conocer el calor, nunca podremos nombrar el frío. Sin embargo, cuanta mayor fuerza cobra un lado, más se debilita el otro, y así es como surge la desarmonía. El exceso de dulzura despierta en nosotros el deseo de algo agrio. El equilibrio de la dualidad es, pues, nuestra máxima aspiración en el juego terrenal. Sólo cuando prestemos suficiente atención al poder que reside en el equilibrio, tendremos la oportunidad de crear juntos un nuevo paraíso en la Tierra.

Nosotros, trabajadores de la luz, estamos aquí en la Tierra para poner de nuevo en equilibrio la balanza. Somos la balanza, uno de los dos lados del lazo del ocho. Para que la *lemnis-*

cata de la Tierra vuelva a estar en orden horizontal, podemos dirigir nuestro poder recogido hacia nuestra luz, nuestro amor, nuestra generosidad, nuestra compasión, nuestra paz y hacia nuestra unidad. Es hora de que apliquemos la energía de equilibrio que nos aporta el ocho acostado para nuestro desarrollo personal y nuestra expansión de conciencia.

Nuestra acción crea en la Tierra un nuevo espacio vital que puede ser poblado por nuestros descendientes. Las culturas del pasado ya nos han demostrado que no puede existir una orientación demasiado fuerte hacia un lado, hacia un «o o». El ocaso siempre ha estado en la disonancia, mientras que la estabilidad reside en la armonía y la interacción de la dualidad, es decir, en el camino intermedio del equilibrio.

La legitimidad del balance y el equilibrio nos resulta evidente cuando experimentamos una deficiencia. Buscamos el equilibrio y nos esforzamos por atraer lo que deseamos. Sin embargo, cuando estamos en la abundancia, no queremos equilibrarla, y nos resistimos o incluso la tememos porque tendemos a atraer uno de los dos extremos en lugar de estar en armonía. La mayoría de la gente piensa y vive en un esquema de «o… o», en lugar de pretender un armonioso «tanto como». No quiero dar la impresión a estas alturas de que no debamos estar en plenitud. Todo lo contrario, se trata de cómo vivimos esta abundancia y de si también podemos crear dentro de ella el espacio para el lado dual del vacío.

Al igual que aquí en la Tierra no podemos tener un sol ininterrumpido, porque entonces la naturaleza se secaría, y es importante que haya también lluvia o humedad, lo mismo ocurre con todo lo que nos rodea. La relajación puede fluir en nosotros para acoger con alegría y gozo tanto el calor y la sequedad de los rayos del sol como el frescor y la humedad de la lluvia. Cuando hallamos la unidad dentro de nosotros mismos y aprendemos a vivirla, también se nos da la oportunidad de crear una nueva unidad a nuestro alrededor. La armonía y el equilibrio para nosotros y nuestro entorno residen en la aceptación y la conexión equilibrada de la dualidad. Eso, por otra parte, lo logramos al comprender el verdadero poder que hay detrás del sencillo símbolo de la *lemniscata*. La Tierra es un planeta dual y, cuanto más fácilmente lo adaptemos, cuanto mejor reconozcamos y utilicemos las leyes de la dualidad dentro de nosotros, más rápidamente avanzaremos en nuestro camino hacia la totalidad o la unidad.

Para reflexionar

Tómate unos minutos para reflexionar sobre tu vida cotidiana. Incluso quizá quieras ayudar a tu memoria y anotar uno o dos acontecimientos en los que aceptaste sólo un «o… o» para tu plan de vida. Siente o mira en tu interior por un momento. ¿Cómo es, cuando sólo hay una opción, o sea «el o… o»? Empatiza entonces con «el tanto como» y toma conciencia de la diferencia en tu interior. El «o… o» no suele dejar mucho espacio para las soluciones creativas y a menudo crea una sutil presión en nuestro plexo solar, mientras que el «tanto como» estimula nuestra creatividad, nos concede mucha más libertad y, por lo tanto, hace que nuestro centro se equilibre. ¿Cómo son las cosas en tu vida? ¿Con qué frecuencia te sometes a esta presión en lugar de entrar en la vibración del ocho, que circula por ambos lados en armonía, creando un nuevo orden en tu vida? Permítete el camino del centro dorado y líbrate de la energía rígida de la unilateralidad.

Ejercicio: Salir de una situación «o… o»

Dibuja un gran ocho acostado en una hoja de papel. En uno de los dos lazos escribe todos los o y en el otro todos los o sobre la pregunta actual para la que quieres hallar respuesta. Repasa la línea del ocho con el lápiz hasta que sientas alivio. Imagina cómo las dos partes forman un baile energético entre sí, cómo se disuelve la rigidez de los pensamientos por la energía de la vibración y la luz de la *lemniscata* y comienza a vibrar.

Escucha tu interior y repítete una y otra vez que vas a aceptar tanto lo uno como lo otro.

Ambas posibilidades existen y no se excluyen mutuamente. Repite repasando la línea del ocho varios días seguidos, hasta que surja en tu interior una nueva ligereza y un planteamiento de solución, que no tienen por qué tener nada que ver con uno de los dos lados, sino que ofrecen el espacio para una solución independiente a través de la iluminación y el aumento de la frecuencia de vibración del ocho.

Déjame mostrarte un ejemplo. Supongamos que tu pregunta es: ¿debo mudarme a una vivienda determinada que es maravillosa pero muy cara? ¿O debo quedarme en mi antigua casa, la cual ya no responde a mis necesidades? Estamos ante la típica situación de «o... o». Escribe ahora en un lazo todos los puntos a favor de la vivienda nueva y en el otro los aspectos que te inclinan por la antigua, y repasa la línea del ocho durante unos días, sin esperar nada, sin estrés. Entonces puede surgir de ello una tercera posibilidad, ni la vivienda nueva ni la antigua, sino un objeto completamente novedoso que quizá lleva mucho tiempo ante nuestros ojos, pero que aún no hemos podido percibir.

El ocho acostado relaja, armoniza y equilibra. El símbolo nos ayuda a encontrar la manera de salir de las situaciones estancadas. Nos permite entrar en contacto con la sabiduría interior de nuestro poder masculino de ponerlo en práctica y nuestra intuición femenina. El ocho acostado nos ofrece el mayor apoyo posible para estar en armonía en nuestro mundo dual. Es la clave para una comprensión más profunda de cómo podemos unir los opuestos. Nuestro día a día y con él nuestra vida se vuelve mucho más relajada y llena de alegría.

Una armónica vida en pareja con la energía de la *lemniscata*

Con algunas excepciones, lograr y mantener «la felicidad y la armonía en la pareja» es probablemente una de las cuestiones que más preocupan a la mayoría de las personas. El símbolo del ocho acostado nos ayuda a integrar mejor nuestra propia dualidad interior y hallar una armonía más profunda en nosotros mismos. El equilibrio surge precisamente de ese bienestar interior pacífico y armonioso.

Nacemos en un cuerpo femenino o masculino, pero siempre llevamos también la energía del otro sexo. Quienes nacen en un cuerpo femenino es importante que reconozcan lo femenino como algo fuerte y deseable por lo que vale la pena luchar, y lo masculino, que también está presente en nosotros, han de verlo como apoyo a lo femenino y aceptarlo. En nuestra sociedad occidental lamentablemente ocurre que las niñas son más bien educadas para que sean fuertes como los hombres e independientes, y tengan capacidad para imponerse.

A su vez, a los niños se los educa para que sepan adaptarse, sean comprensivos y se muestren especialmente emocionales. Esto crea confusión en nosotros, puesto que vivimos en un cuerpo femenino o masculino, pero actuamos como si los rasgos del otro sexo fueran mucho más importantes para nosotros. Infinidad de mujeres llevan una vida estructurada de forma masculina. Arrastradas por ese lema que dice que «el indio no conoce el dolor», muchas mujeres escogen el camino masculino. Somos demasiado orgullosas para dejarnos ayudar por los hombres. También nos convencemos de que tenemos que hacer los trabajos físicamente duros para demostrar a todos lo fuertes que somos. Y lo somos, sin duda. Exactamente igual que los hombres tienen sentimientos profundos y pueden sentirse débiles. Pero ¿realmente nuestro creador quiere que nosotras, mujeres, llevemos una vida orientada hacia lo masculino y los hombres una vida con tintes femeninos? Justo de aquí parten muchos de los malentendidos y las disputas que surgen en la convivencia de una pareja.

Si yo he nacido en un cuerpo femenino, debe haber una razón para ello. Ya es hora, si aún no lo he puesto en práctica, de otorgar por fin importancia a mi lado femenino.

Lo masculino también está ahí dentro de mí, pero es el lado que apoya mi feminidad y no al revés. Lo mismo ocurre en los hombres: lo femenino y la comprensión apoyan su poder masculino de imponerse.

En mis seminarios, todos los participantes se ríen cuando siempre recurro al mismo ejemplo para explicar este tema. Antes, el hombre solía salir a cazar. Mataba a un oso y con gran esfuerzo físico lo llevaba a casa, donde estaba la mujer. El trabajo de ella era entonces seguir trabajando con lo que se había cazado. Las mujeres hacían que el hogar fuera bonito y acogedor, ponían todo su amor en ello. El hombre se percibía a sí mismo reforzado y valorado por su fuerza masculina, cuando la mujer se mostraba orgullosa de su exitosa caza. La mujer sabía lo que valía y también se sentía importante y valiosa en su papel. En este punto podemos reflexionar brevemente sobre cómo es nuestro día a día en Occidente. En la actualidad, la mayor parte de las mujeres salen a cazar el oso ellas mismas, para luego arrastrarlo con esfuerzo a casa y preguntarse asombradas por qué no hay nadie que lo prepare.

Se cuestionan estupefactas por qué el hogar sólo se vuelve acogedor con su esfuerzo, y se quejan por tener que hacer todo ellas. Como consecuencia de eso, habitualmente se sienten frustradas tanto en su vida en general como en su relación de pareja en particular.

Aquí pido que no se malinterpreten mis palabras. En ningún caso soy de las que dicen: «Las mujeres deben volver a su sitio entre fogones». Para mí es fundamental que todo el mundo entienda que existen dos fuerzas, la masculina y la femenina. Ambas energías son totalmente diferentes y cada una de ellas tiene también distintas tareas. Me preocupa la valoración que hacemos de lo masculino y lo femenino. Veo importante que cada persona comience de nuevo a vivir con atención y amor en la energía de su sexo. Mi objetivo con este libro es aportar soluciones y definir nuevas metas para el enfoque de nuestro desarrollo. Y el ocho acostado resulta clave para ello. Es el símbolo que nos ayuda a seguir moviéndonos continuamente y a conectar todos los contrarios de la forma más armoniosa.

El secreto está en valorarse y respetarse mutuamente, en velar por la autenticidad y el amor, que sólo pueden surgir de la unión de los opuestos. La integridad nace de la unión armoniosa de la dualidad.

Pues bien, yo misma nací en un cuerpo femenino, y me llevó algún tiempo comprender que mucho de lo que no quiero que sea así soy yo quien lo pone en escena. Yo me miraba a mí misma por encima del hombro, me autoanalizaba y examinaba a fondo mi comportamiento para descubrir que era bastante masculina. Me preguntaba una y otra vez por qué todas mis parejas acababan dejándome, hasta que caí en la cuenta de que, desde el punto de vista energético, a menos que quisieran estar con un hombre, no les daba ninguna otra oportunidad. Todo mi campo energético y la forma en la que diseñaba mi vida diaria eran muy masculinos, mientras que mi cuerpo resultaba muy femenino. Con mi comportamiento privaba a mis compañeros de alegrarse por su fuerza masculina, porque todo podía hacerlo yo misma, y lo que es peor: hacía las cosas mejor que ellos e incluso me enorgullecía por eso. ¿Por qué iba a querer un hombre tenerme como pareja si yo (de nuevo desde un punto de vista energético) no preciso de su protección, su mano fuerte y su masculinidad?

En ninguna de estas relaciones había un yin y un yang que formara un todo entre sí, sino dos yang entre los que se establecía una especie de competencia. La consecuencia de ello fue que mis parejas encontraban a otras mujeres que sí se alegraban de tener a un hombre fuerte a su lado. Mujeres que eran yin y gustaban de formar una unidad con un yang. Créeme, aquello me hizo reflexionar mucho. Me examiné a mí misma, profundicé en mi interior, exploré mis creencias y mi carácter, y descubrí el porqué de tanta masculinidad.

En mi mente asociaba lo femenino con los términos «débil» y «deficiente», y, peor aún, con «inútil». Y como no quería ser eso, seguí el camino masculino, aun cuando al nacer me había encarnado en un cuerpo femenino.

Tras llegar a esta conclusión, puse todo mi empeño en trabajar para que mi lado masculino y mi lado femenino encontraran el equilibrio. Como ayuda, me valí del ocho acostado para encontrar una armonía adecuada dentro de mí. Comprendí cuáles son mis atributos femeninos realmente fuertes y cómo mi propia energía masculina me apoya para transformar esta fuerte feminidad. Aunque al principio era muy inusual y a veces me superaba el mostrar mi delicado lado femenino, hoy en día es algo que me resulta completamente normal. Ahora soy capaz de honrar y apreciar lo femenino y he aprendido a crear y equilibrar la armonía entre lo femenino y lo masculino dentro de mí. Cuando por fin comprendí la interacción creativa de las fuerzas duales en mi interior y empecé a transformarlas en mi vida diaria, alcancé una nueva forma de convivencia en pareja.

Pasé a apreciar de una manera nueva el poder masculino en mi pareja, y comencé a amarme a mí misma como mujer con todas mis fuerzas femeninas y a disfrutar de ello también.

A los hombres, por supuesto, no les va mucho mejor, porque desde el inicio de su formación se les insiste en que expresen sus emociones y se muestren flexibles, atributos ambos típicamente femeninos. Se les impide desarrollar lo que siempre se ha considerado de hombres, que lleva dentro la energía del guerrero y del cazador, y reprimen su poder masculino para no ser agresivos ni excederse en su poder de imposición. Desde pequeños, y en contra de su propia naturaleza interior, aprenden a adaptarse y a ser cariñosos, lo que, por supuesto, no les hace ningún bien. Por esta razón, muchos hombres encuentran difícil enfrentarse a las exigencias de nuestra sociedad y experimentan auténticos problemas para vivir su masculinidad con orgullo y alegría. Viven llevando en su interior la confusión y la incertidumbre respecto de lo que como hombres se les exige. Y su efecto es tan desfavorable en nuestra vida en pareja como la confusión femenina.

Así que aquí tenemos a un hombre y a una mujer que lo único que desean es ser felices el uno con el otro, pero les cuesta mucho encontrar sus roles y manifestar esa felicidad que tanto anhelan en sus vidas. En muchos de mis seminarios y también en numerosas sesiones individuales, la pregunta que siempre surge es la siguiente: ¿cómo puedo reforzar mi feminidad o mi masculinidad y también aprender a vivirla? Una y otra vez éste resulta ser el punto central. Sobre todo en la vida en pareja, el miedo a no ser comprendido por la otra parte o a no tener la oportunidad de expresar las propias necesidades o deseos suele ser la energía que obstaculiza. En este sentido, el ocho acostado nos transmite el poder de distinguir lo masculino de lo femenino, y de aprender a equilibrarlo. Con la ayuda del ocho acostado, volvemos a sentirnos cómodos, y nos sentimos capaces de trasladar nuestro poder también a la convivencia. Logramos liberarnos de los patrones de comportamiento que han regido nuestra educación y que, en muchos momentos, más que unirnos, nos separan.

¿De qué manera el ocho acostado contribuye a nuestra vida en pareja y a nuestras relaciones en general?

El ocho acostado nos puede ser de gran ayuda para equilibrar las fuerzas femeninas y las masculinas. Pese a parecer demasiado sencillos, los ejercicios en verdad son muy eficaces. Los seres humanos estamos convencidos de que sólo es útil lo realmente difícil y, por tanto, nos empeñamos en creer que el éxito sólo reside en lo complejo. Precisamente por eso tendemos a invertir mucho sudor y dinero en nuestro desarrollo, en lugar de tomar el camino de la continuidad y la facilidad. Ansiamos que el exterior genere el cambio en nosotros. Pero lo cierto es que sólo despertaremos a una vida plena cuando logramos cambiar algo dentro de nuestra persona y seamos capaces de encontrar en nuestro interior la energía que nace de la unión de los opuestos. El despertar jamás reside en la energía de la lucha. No tenemos que luchar contra nada en nosotros mismos, sino encontrar el camino de la iluminación. Este tiene como objetivo comprender el significado profundo de la dualidad y hacer uso de ella. La verdadera fuerza de la vida que nos apoya en nuestro camino hacia el despertar reside en la conexión de las dualidades que determinan, simplemente, la vida en la Tierra.

Únicamente cuando alcancemos a comprender las fuerzas duales que existen en nosotros y logremos abrazarnos en medio del amor, cuando reconozcamos el equilibrio y el igual valor de todo lo polar en nuestro interior y a nuestro alrededor, podremos sumergirnos en nuestra paz interior y en el amor incondicional. La nueva sociedad, la nueva Edad de Oro, el poder de Acuario residen precisamente en la comprensión de las leyes duales de la Tierra y en el equilibrio y la unión de los opuestos.

Ejercicio: Equilibrar lo masculino y lo femenino presente en nosotros

Para esta actividad vas a necesitar un folio grande y varios lápices. Dibuja un ocho acostado en el folio. En uno de los lazos anota todas tus características masculinas, y en el otro lazo, todas las femeninas. Fíjate en que las descripciones sean positivas. Repasa el ocho una y otra vez con los diferentes lápices. Une las dos energías, lo masculino y lo femenino, y valora en tu interior dicha unión. Estás aceptando ambas energías: cada vez que repites el trazo del ocho acostado, las dos corrientes duales se equilibran y se unen en ti de forma armoniosa.

Ejercicio: Llevar la armonía a la vida en pareja

Ahora dibuja el ocho acostado en tu mente. Una vez que tengas el trazo en la cabeza, sitúate en uno de los dos lazos, y a tu pareja ubícala en el otro. Repasa una y otra vez la línea de la *lemniscata* en tu mente hasta que llegues a percibir una energía armoniosa y equilibrada en ti. Este sencillo ejercicio es especialmente bueno en esos momentos en que surge tensión en la pareja.

A través de él, te concedes a ti mismo el espacio para tu individualidad, y también le das a tu pareja el espacio para su singularidad. Pruébalo ahora mismo. El ejercicio descarga tensiones y arroja luz para ayudar a resolver los posibles desacuerdos de forma más relajada. Aquello que une y crece de forma infinita se potencia de la manera más positiva, mientras que lo que separa deja de percibirse de modo tan compasivo como algo doloroso o negativo. El ocho acostado da espacio a la individualidad y a la similitud al mismo tiempo. A menudo, en cuanto permitimos que el ocho acostado nos rodee como frecuencia vibratoria, percibimos un maravilloso espacio muy liviano entre nuestra pareja y nosotros. Con esto conseguimos más y más aire para aportar soluciones creativas. A la hora de realizarlo, no es necesario que los dos miembros de la pareja estéis presentes, pues este ejercicio surte efecto incluso a través del tiempo y el espacio.

CONSEJO: Repite este ejercicio para todas las personas que sean importantes para ti. Desde padres, hermanos, compañeros de trabajo hasta vecinos o jefes. Así, de una manera positiva y conectiva, estarás dejando más espacio y libertad para dar con soluciones creativas y positivas. Éste es uno de mis ejercicios favoritos.

Ejercicio: Encontrar un apoyo a la hora de buscar soluciones
Este ejercicio nos ayudará a responder a todas las preguntas que se nos planteen, y no sólo a aquellas que *a priori* tengan que ver únicamente con nuestra vida en pareja. Imagina un gran ocho acostado, ya sea en tu casa o en la naturaleza. Empieza recorriendo este ocho. Y tómate tu tiempo, porque puede ser que necesites un margen hasta que la solución surja en tu interior. Con la pregunta en mente, recorre desde el polo positivo por el centro neutro hasta el polo negativo, y vuelve atrás al polo positivo de la *lemniscata*.

Por el movimiento, por ser conscientes de las polaridades y al mismo tiempo estar concentrados en la cuestión, surge en nosotros una nueva aceptación. Y de ésta nace una también nueva voluntad de aceptación, y de la aceptación se desarrolla lentamente un cambio, que a la vez incluye una simplificación del tema. De esta manera volvemos al punto de partida de la cuestión, y la solución se nos presenta de una forma muy sencilla mientras seguimos con mucha calma y recorremos una y otra vez el ocho acostado en nuestros pensamientos.

CONSEJO: Éste también es uno de mis ejercicios favoritos. Además, son muchos los comentarios positivos que he recibido sobre este ejercicio en particular. Es tan sencillo como eficaz, y sólo requiere un poco de paciencia y tiempo. Estamos tan distraídos tratando de concentrarnos en responder a la pregunta y en caminar al mismo tiempo, que la claridad tiene más fácil surgir desde lo más profundo de nuestro ser. No nos obstinamos con una posible respuesta, sino que nos entregamos al caminar. De este modo, la respuesta nace de nuestro interior. Te animo a repetir este ejercicio hasta que vislumbres luz en todo y todas tus preguntas hallen su respuesta.

Ritual: Atraer a la pareja ideal o crear más puntos en común en la convivencia en pareja

Ten a mano una cinta (a poder ser, una cuerda o lana de color rojo), un folio rosa grande o de tonalidad rojiza y una imagen pequeña de ti y de tu pareja. Si no tienes pareja, coge una foto de una persona a la que quieras tener presente en tu vida. Si no dispusieras de ninguna foto, escribe el nombre y la fecha de nacimiento de tu pareja en la hoja rosa. En el caso de que aún no sepas quién va a entrar en tu vida, escribe en la hoja:

«La pareja que más me convenga, con la que pueda formar una unidad y estar en armonía, que entre ahora en mi vida. GRACIAS». Si quieres, puedes también anotar en la hoja aquello que para ti es importante en tu pareja.

Ahora trata de hacer un ocho acostado con la cinta roja, preferiblemente en un lugar de tu espacio personal que sea muy especial para ti. Puede ser un pequeño altar en casa o un rincón donde siempre tengas flores frescas y velas.

Coloca tu foto en uno de los lazos del ocho rojo, y en el otro, la foto, las fechas o tu deseo para la pareja a la que te gustaría invitar a tu vida en el papel rosa. Deja ahí el lazo del ocho con los datos personales para los próximos días. La *lemniscata* simboliza la unidad, el llegar a ser sólo uno, y con este ritual logras atraer la unidad o la totalidad a tu vida en pareja o a tu futura vida en pareja. Con esto abres el espacio para posibilidades completamente nuevas en la relación vivida, la oportunidad de ser uno, la libertad, la individualidad y, al mismo tiempo, la unión. Todo ello sucede de forma muy relajada y armoniosa a nivel energético a través de la exposición de las imágenes y los datos rodeados por este poderoso símbolo.

Llegados a este punto, no está de más que te recuerde que es importante desarrollar la virtud de la paciencia. Nosotros, los humanos, tendemos a querer tener todo lo captado por nuestra mente también de forma tangible. Sin embargo, el universo no siempre está preparado para reaccionar de inmediato. A veces hace falta un tiempo hasta que la frecuencia vibratoria de nuestro campo energético está tan equilibrada que ya pueden tener lugar los milagros o cambios que tanto anhelamos. Párate a pensar en el número de años que has vivido en desequilibrio, y date la oportunidad de equilibrar tu balanza de la vida en un tiempo razonable. No te exijas demasiado, no dejes que la impaciencia perturbe el éxito de los nuevos conocimientos que has adquirido.

El camino del cambio suele comenzar en nuestra capa energética más externa y luego entra en nosotros desplazándose a través de cada una de las siete capas, integrándose en cada nivel. La materia es entonces el último nivel en que tiene lugar la integración. Por lo tanto, no es de extrañar que muchos de nuestros conocimientos tarden un tiempo en aplicarse en nuestro día a día, en la materia.

Un viejo ritual de boda celta

Mientras escribía estas líneas sobre el ocho acostado, sobre la conexión de lo masculino y lo femenino, así como sobre la unión en nuestra vida en pareja, un matrimonio me preguntó si podía celebrar una ceremonia para ellos. Soñaban con renovar sus votos matrimoniales en su vigésimo aniversario de boda. Y, además, querían una ceremonia celta en medio de la naturaleza en un sitio lleno de fuerza. No es de extrañar que un antiguo ritual de boda pagano incluya el ocho acostado como un elemento importante.

Las parejas que se comprometen en matrimonio o quieren renovar sus votos son unidas por un sacerdote o una sacerdotisa. Los miembros de la pareja se sitúan uno enfrente del otro y colocan respectivamente su mano derecha en la mano derecha de la pareja y la mano izquierda en la mano izquierda de la pareja. De esta manera, entre ellos se dibuja un ocho. Hace tiempo, esto ya era signo de unión infinita. El sacerdote ata un pañuelo o cordón consagrado alrededor de las manos y bendice la relación. A continuación se les pide a ambos que pronuncien sus votos.

Pueden prometerse toda una vida juntos mientras dure el amor. Si, por la razón que sea, el amor en esta vida deja de fluir, los dos tienen derecho a disolver su unión en una ceremonia y reemprender sus propios caminos. Pero también existe la opción de dar un paso más y hacer la promesa de una vida en común para toda la eternidad. Esta promesa dura hasta la muerte e incluso la trasciende.

Acto seguido se deshace la cinta, y entonces la pareja se la lleva a casa y la guarda en el altar familiar. Durante la ceremonia, también se enciende una vela que después va con la pareja a su hogar. Esta luz debe encenderse tanto en los momentos buenos como en los más difíciles que pueda depararles el camino de la vida en común. En estos instantes, la luz de la vela recuerda a los cónyuges los votos que se hicieron, y los ayuda a ver que siempre hay una solución y una luz en el horizonte. La ceremonia también incluye beber juntos un agua especial de un cáliz y pasar unidos por encima de una escoba. Cada acción realizada en la ceremonia se lleva a cabo con el profundo conocimiento de los sabedores que recorrieron este mismo camino hace ya muchos siglos. Este ritual de boda sólo fue sustituido por otro durante la cristianización y ahora lo vuelven a realizar las personas que están en su camino del despertar espiritual. Por supuesto, se trata de un ritual que no está reconocido oficialmente y, por tanto, sólo es adecuado para quienes no precisan un certificado de matrimonio oficial o tan sólo quieren sellar nuevamente su vida en común.

Qué hermoso fue que me propusieran precisamente realizar ese ritual en el momento en que yo estaba. Para mí, éstas son siempre señales mágicas en mi camino que hacen que mi corazón salte de alegría y me muestran la infinita sabiduría de la fuente creadora. Jamás podría haberlo imaginado, y os doy las gracias a vosotros dos, queridos, por vuestra confianza y por el momento tan apropiado que escogisteis para dirigiros a mí y pedírmelo. Vuestra coordinación con mi momento vital fue simplemente insuperable.

La vibración del ocho en la naturaleza viva

El agua es uno de los alimentos más importantes para nosotros, los humanos. Puesto que nosotros mismos estamos formados por más de un 70 % de agua, no es de extrañar que necesitemos agua para sobrevivir. El agua es sinónimo de conciencia, y no es de origen terrenal. La ciencia aún no ha logrado demostrarnos el origen de nuestra agua. El agua almacena información y la libera en dosis homeopáticas.

A lo largo de la historia, ha habido científicos de renombre que han dedicado su vida al estudio del agua y sus moléculas, estructuras y caminos. Para mí, uno de los más importantes ha sido y será Viktor Schauberger, cuyos descubrimientos considero muy útiles. Todo lo que aprendió sobre el agua lo hizo simplemente observándola fluir de forma natural. Pasó infinidad de horas en la naturaleza examinando con detalle las conexiones entre el agua que fluye libremente, su poder natural de purificación y su poder físico.

De ese saber adquirido durante sus largos años de observación surgieron algunos métodos muy útiles para energizar el agua, por ejemplo, el agitador de agua, que imita el movimiento en meandros en arroyos, ríos, corrientes, lagos naturales y estanques. El agua describe un ocho acostado mientras fluye en el lecho de un arroyo. Observa los agitadores de agua y no pierdas detalle del agua en su movimiento natural. Te sorprenderán las impresionantes figuras y los movimientos que realiza. En el proceso, el agua se purifica, se carga positivamente y se equilibra. Los agitadores de agua que, según Viktor Schauberger, se pueden instalar a lo largo del curso de un arroyo son varias cuencas que brindan al agua que fluye por ellas la posibilidad de realizar lazos en forma de ocho en sentido horizontal. Estas cuencas ya llevan en sí mismas la figura del ocho Se colocan una debajo de la otra en una ligera pendiente. El agua fluye a través de una entrada estrecha hacia la primera cuenca y realiza en ella un lazo en forma de ocho antes de fluir hacia el cuenco inferior. De este modo, se desplaza de cuenca en cuenca, se enriquece en cada una de ellas con la energía vibratoria del ocho y se purifica y se estimula con ello.

Para mí es algo absolutamente grandioso encontrar la confirmación del efecto absoluto del ocho acostado también en el agua en movimiento. Tal y como yo lo veo, esto no hace sino subrayar la ingente importancia de este sencillo símbolo.

Si queremos enriquecer el agua sanitaria o el agua potable con la energía de la *lemniscata* y no disponemos de medios auxiliares, siempre podemos dibujar el lazo del ocho en la superficie del agua, ya sea con la mano, con el dedo o con un palo, una cuchara o una vara de piedras preciosas. Por ejemplo, resulta muy agradable añadir simplemente con la mano la vibración del ocho a un baño. Sumerge ligeramente las palmas de las manos en el agua y recorre toda su superficie una y otra vez en forma de lazo. El agua se enriquece así con la energía del ocho. De este modo, disfruta de un baño armonizador para relajar todo tu cuerpo. También puedes meter el ocho en un vaso de agua con una cuchara. Es muy placentero y útil energizar el agua con una vara de cristal. De esta forma, continúas teniendo la vibración de la piedra preciosa en tu agua. Por supuesto, también puedes hacer grabar simplemente el ocho acostado en la jarra de agua o poner una pegatina de la *lemniscata* en el fondo de la jarra y el vaso de agua.

Y de magnífica ayuda puede ser también una placa energizadora con este símbolo sobre la que puedas apoyar la jarra de agua o cualquier otro alimento.

Al estar formados por un porcentaje tan alto de agua, nuestra agua interior reacciona de manera natural a la energización con una varita de piedras preciosas en la frecuencia de vibración del ocho acostado.

Para ello, escoge la varita de las piedras preciosas que prefieras. Fíjate bien en qué representa tu piedra para que tengas idea de los temas que equilibra. Por ejemplo, si tu problema se concentra en el plexo solar y reiteradamente sientes angustia y presión en la zona del estómago, te sugiero optar por una piedra preciosa que esté asociada al chakra del plexo solar. Durante unos minutos, dibuja en una dirección y con una vara el ocho acostado encima de la piel en tu chakra del plexo solar, y luego haz lo mismo cambiando a la otra dirección.

Irás notando que la zona se relaja lentamente. Los puntos de acupuntura de los pies, las manos y la oreja también se pueden calmar o equilibrar con pequeños ochos acostados. Pasa la vara de piedras preciosas sobre la piel de los puntos de acupuntura formando los lazos del ocho. Si no tienes una vara de piedras preciosas, no te preocupes y recurre a tu dedo o a una vara de acupresión. De este modo podrás equilibrar tanto el exceso como la falta de energía. En cualquier caso, el ocho acostado tiene un efecto equilibrador, es decir, elimina allí donde hay demasiado y rellena donde hay demasiado poco. También las partes del cuerpo que están en tensión o las energías acumuladas pueden llegar a tener un nuevo equilibrio si se trabaja con la *lemniscata*.

Ejercicio: Regala a tu cuerpo un ejercicio que se hace en pareja y que equilibra

Este ejercicio puedes hacerlo tanto con tu pareja como con un amigo o una amiga. Uno de vosotros debe tumbarse cómodamente sobre una camilla de masaje o una esterilla de goma y taparse bien para que el cuerpo no se enfríe durante el ejercicio. Hay que crear un espacio de bienestar. La sala debe estar bien preparada y desprender una energía clara y pura. Para ello puedes pulverizar un poco de ambientador para limpiar y luego proteger, o preparar la habitación con sahumerio o varillas de incienso. Apaga todas las posibles fuentes de interferencia. Adapta también la iluminación, la temperatura de la habitación y tu actitud interior hacia el trabajo de equilibrio y armonización.

Cuando empieces con el equilibrio de la energía a través del ocho acostado, respira profundamente un par de veces para sentirte tranquilo y presente. Coloca tus manos en los tobillos de tu pareja, que está tumbada frente a ti. En tu mente, imagina que la energía del ocho acostado fluye de una palma de la mano a la otra, equilibrando así ambos tobillos. Los tobillos representan la presencia en la vida.

Después de unos minutos, retira suavemente las palmas de tus manos de los tobillos y colócalas sobre las rodillas de tu pareja. De nuevo, crea mentalmente el ocho acostado entre tus dos manos y deja fluir la energía. Las rodillas representan la humildad y la gratitud para nuestra propia vida.

De nuevo, unos minutos después, retira las manos de las rodillas y colócalas sobre el hueso ilíaco. Visualiza el ocho acostado mientras tus manos permanecen quietas en las caderas. Las caderas y la zona sacra representan todos nuestros patrones inculcados y también nuestra conexión con todas las parejas con las que hemos tenido una unión física. También las cuestiones relacionadas con nuestros padres, hermanos y antepasados se encuentran en el chakra sacro.

Retira después las palmas de las manos de las caderas y colócalas suavemente en los arcos costales inferiores a la altura del plexo solar. Deja que el ocho acostado circule de nuevo como un patrón de vibración entre las palmas de tus manos. En el chakra del plexo solar es donde están almacenados todos nuestros miedos. Además, incluso puede que lleguemos a encontrarnos demasiado pesados, pues esto ejerce una tensión en la zona del plexo solar.

Al cabo de un tiempo, aparta las manos de los arcos costales y colócalas en los lados izquierdo y derecho del tórax junto al chakra del corazón. Vuelve a dibujar con los ojos una *lemniscata* entre las palmas de las manos. Es en el corazón donde se almacenan todos nuestros sentimientos. Aquí descubrimos las grandes cuestiones del amor, de la desilusión, del rechazo, y todo aquello que tiene que ver con el espacio para nosotros mismos. El valor para un nuevo comienzo en nuestra vida y los grandes cambios de todo tipo en la vida también se encuentran en el centro del corazón. Tras unos minutos de equilibrio, coloca las manos sobre los hombros de tu pareja. Todas las cargas que nos hemos puesto sobre nosotros mismos se equilibran con la *lemniscata*. Todo lo que nos ha cargado o abrumado alguna vez en la vida recibe aquí una alineación equilibradora.

Lo siguiente es que sitúes las manos a izquierda y derecha de tu articulación mandibular y dejes de nuevo fluir de un lado

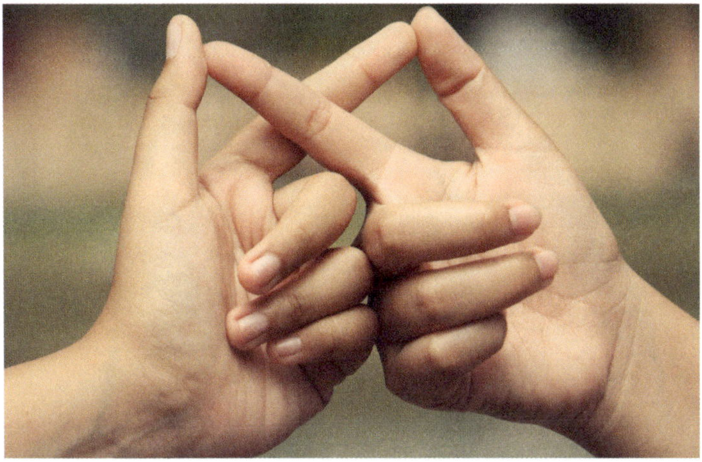

a otro el ocho acostado en las palmas de tus manos. En las mandíbulas se concentran todas las tensiones que nos invaden en aquellas situaciones en que hemos tenido que apretar los dientes y poner cara de valientes ante un hecho imposible. Este equilibrio nos ayuda a la hora de soltar, y a ser más cariñosos y benévolos con nosotros mismos.

Para terminar, coloca las manos encima de las sienes y deja fluir por esta zona de tu cabeza la energía del ocho acostado. Esto equilibra todos los temas actuales, logramos el equilibrio de los ojos y, con él, el de todo lo sensible.

Después, retira suavemente tus manos del campo energético de tu pareja y bríndale un poco más de tiempo para que vuelva a estar completamente en el aquí y el ahora. Intercambiad percepciones si existe la necesidad de hacerlo. O simplemente sé consciente de que ha tenido lugar un reajuste magnífico, has conseguido armonización y equilibrio a través de tus manos y la visualización del ocho acostado. Ya puedes cambiar de posición y experimentar la vibración agradable y armonizadora de la *lemniscata* en tu propio campo energético, en tus chakras, en tu cuerpo emocional y en todo tu ser. Este ejercicio necesita algo de tiempo y también de empatía. Por lo tanto, hazlo sólo cuando tengas suficiente espacio libre.

CONSEJO: También puedes realizar el equilibrio con tus manos sobre tu propio cuerpo. Sucederá que no te resultará tan relajante, pues a nosotros mismos nos tratamos de manera diferente, y quizás también estarás demasiado distraído anticipando los siguientes pasos.

El ocho acostado en el reino animal

En este capítulo que sigue me ocuparé especialmente de dos grupos de animales, si bien tengo el convencimiento de que hay muchísimos otros animales que, de un modo u otro, utilizan el ocho acostado.

Abejas

En estos últimos años, la mayoría de las personas ha tomado conciencia de la importancia que tienen las abejas para nosotros. Sin el trabajo de estos grandiosos animales, nuestra naturaleza estaría rápidamente amenazada por la infertilidad. Las abejas se encargan de que nuestras plantas se reproduzcan, contribuyen en gran parte a la labor de polinización y, justo por eso, son fundamentales para todos nosotros. Con independencia de esto, resulta también que los productos que las abejas de la miel nos proporcionan a los humanos tienen grandes propiedades curativas. Las colonias de abejas se organizan en sociedades altamente sociales y forman estados en los que cada abeja sabe claramente cuál es su tarea desde el momento en que sale hasta su último aliento, y, además, la cumple sin excepción.

Para mí fue muy interesante ver que las abejas recolectoras salen a volar y buscan lugares adecuados en los que alimentarse para volver deprisa a la colmena y realizar allí la llamada danza meneo de la cola. Se muestran deseosas por revelarles a todas las abejas de la miel que quedan en la colmena dónde se encuentra la comida verdaderamente buena. Durante la danza meneo de la cola, las abejas van de un lado a otro dibujando un lazo del ocho, y de este modo transmiten las coordenadas exactas del lugar a las demás recolectoras de polen.

Esta descripción es tan precisa que todas las abejas encuentran con enorme facilidad el lugar donde está la comida. El ocho acostado sirve en esta danza descriptiva como mapa con el que se transmiten las distancias exactas y la descripción del vuelo. Gracias a la danza meneo de la cola, las abejas que salen se hacen una idea muy precisa de la dirección en que deben volar, y llegan a saber desde la distancia a la colmena hasta el tamaño del lugar en que está la comida.

No sé tú, pero yo veo impresionante que colonias de abejas tan organizadas utilicen este antiguo símbolo de armonía perfecta. Las abejas nos demuestran de qué manera es posible vivir unidas entre sí en una unidad, formar una colonia y trabajar juntas persiguiendo el mismo fin. Para mí, la abeja representa igualmente el gran concepto de «servicio», el cual ya no es tan popular entre nosotros los humanos. Cada abeja individual está al servicio de un todo mayor, del bien de toda la colonia, al que todo lo demás está subordinado.

Qué fantástico sería que nosotros volviéramos a comprender cuál es nuestro objetivo mayor y pudiéramos familiarizarnos con la maravillosa palabra «servir». Y no me refiero a «servir» (de dar servicio), sino a la profunda comprensión universal de que todos estamos aquí para servir a un plan mayor o más elevado. Eso que nosotros podemos percibir suele ser la mayoría de las veces una pequeña parte del plan mayor. Se nos pide que confiemos en que, al servir a la luz, podemos hacer del mundo lo que es: un paraíso que surge de la unión armoniosa de la dualidad. Ese paraíso se nos revela en un continuo y armonioso equilibrio. Los requisitos básicos para la realización de este paraíso son las energías positivas de la confianza, del servicio y del amor incondicional en nuestra existencia terrenal.

Pájaros

Los pájaros simbolizan el fuego del corazón, y para mí fue sencillamente maravilloso descubrir que algunos pájaros, como el colibrí, dibujan una y otra vez un lazo en forma de ocho en el aire que los envuelve mientras vuelan. De esta forma, y expresado de forma sucinta, en el vuelo de las aves hay dos mecanismos en juego: la propulsión y el avance.

Su alas describen un movimiento en forma de lazo del ocho durante el llamado vuelo zumbante. Al aunar el fuego del corazón y la vibración de la energía armonizadora del ocho acostado, llegarás a entender también lo que estos animales hacen por todos nosotros. En el transcurso de su vuelo, no dejan de equilibrar nuestra tierra, y a través del campo que nos rodea, transmiten sin descanso la vibración energética del ocho acostado a todos los demás seres vivos y, por supuesto, a nosotros. Armonizan, equilibran y nos prestan su ayuda para llevar los opuestos a un nuevo orden de vida pacífica en común. Podríamos resumirlo así: cuantos más pájaros haya a nuestro alrededor, mayor es la posibilidad de equilibrio y armonía.

También nosotros, los humanos, llevamos el lazo en forma de ocho en nuestro interior

En este punto, me viene a la memoria una historia que leí hace muchos años y que llegó a conmoverme entonces y aún a día de hoy me conmueve. Me abrió el camino a mí misma y a mis tesoros más íntimos. Resumiendo, se trataba de que nuestro creador no sabía dónde guardar exactamente la más alta sabiduría para todas aquellas personas que buscaban la perfección. Era importante encontrar un lugar al que cualquier persona que buscara de verdad (joven o mayor) pudiera llegar. Después de que se eligieran y rechazaran algunos lugares en el mundo, la fuente creadora decidió esconder la más alta sabiduría muy cerca de nosotros, es decir, en nosotros mismos, en nuestras células, en nuestro corazón, en nuestra esencia. Todo lo que necesitamos para nuestro camino de iluminación y aquello que nos ayuda a alcanzar el verdadero despertar no está sino dentro de nosotros mismos.

Al observar en el microscopio la primera fase de la división celular tras la fecundación, podemos distinguir el símbolo del lazo del ocho acostado. El mismo comienzo de nuestra vida ya nos adelanta que en la Tierra nos sumergimos en el mundo de la dualidad y que la frecuencia perpetua de la vibración equilibradora de la unión lleva desde todos los acontecimientos duales a la verdadera totalidad y al estado absoluto de sanación universal. De la unión de los dos, óvulo y espermatozoide, nace la nueva vida.

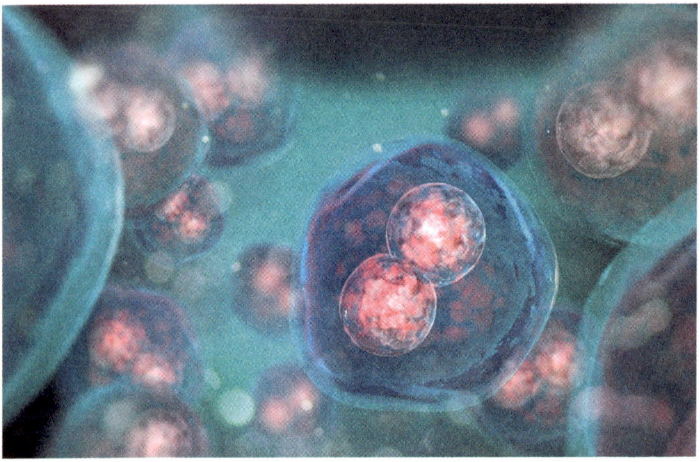

Lo cierto es que no es sólo esta primera división celular la que nos recuerda la energía de la vibración del ocho. El ocho está profundamente integrado en nuestras células, en la estructura básica de nuestros genes. Lo descubrimos en la doble hélice de nuestras cadenas de ADN, que forma una sola estructura a base de lazos en forma de ocho, y es justo aquí donde hallamos el código numerológico «DIOS». Si quieres saber más sobre esto, te recomiendo que leas el libro *El código de*

Dios: el secreto de nuestro pasado, la promesa de nuestro futuro, de Gregg Braden. Así que ese plan para encontrar nuestro camino de vuelta a la unidad, de vuelta a la fuente creadora, lo llevamos en nosotros, dentro de nuestras propias células, y está disponible para nosotros todo el tiempo, se encuentra alejado a sólo un momento de atención. Es precisamente ese instante en el que nos atrevemos a dar el paso más decisivo y elegimos buscar la verdad dentro de nosotros mismos en lugar de fuera. La verdad universal que todo lo abarca y que nos lleva al despertar, que ha sido guardada por la sabia fuente creadora dentro de nosotros, que siempre está a un solo momento de nuestra atención.

La figura del ocho también está presente en la estructura básica de las proteínas, así como en las fibras colágenas. Desde mi punto de vista, todo esto son indicios de que siempre llevamos la mayor sabiduría dentro de nosotros mismos. Lo único que sucede es que hemos olvidado que ya tenemos todo dentro de nosotros y que en nuestra encarnación humana tan sólo debemos aprender a descifrar esta importante información. En nosotros ya reside la energía equilibradora perpetua de la *lemniscata* y conecta nuestro ser con la corriente cósmica, con la fuente original de la que procedemos. Nuestro código genético alberga en su interior la posibilidad de conocimiento. Cuando nos encarnamos aquí en este planeta de la dualidad, nuestra meta es el conocimiento del equilibrio perpetuo de todas las fuerzas polares. Se trata en realidad de una aceptación nueva y del equilibrio pacífico de esta dualidad, no de luchar contra los poderes duales que nos afectan.

Así que el código para nuestro camino de vuelta a la unidad no sólo está en nuestro entorno, sino que está guardado en nuestro interior y, por tanto, dentro de nuestras células. Si queremos mirar despiertos, atentos y conscientes, nos rodean muchas posibilidades de conocimiento. Todos los sabios que han recorrido el camino del despertar antes que nosotros nos han dejado señales para que podamos encontrar más fácilmente nuestro camino hacia la aceptación de las reglas del juego terrenales.

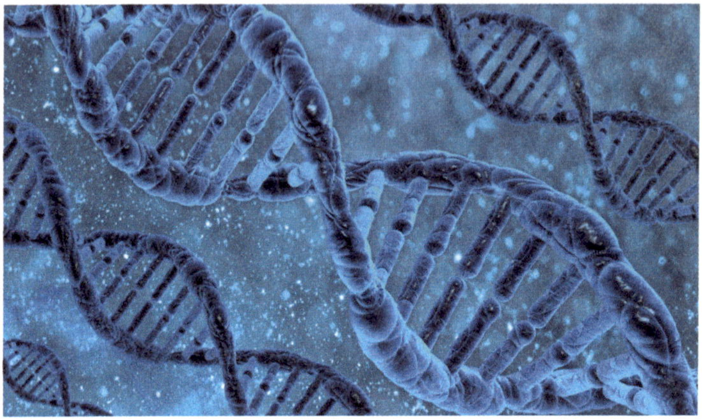

Al aprender a equilibrar la dualidad, a llevarla a nuestra propia armonía, alcanzamos esa independencia que tanto deseamos. Con el ocho acostado se nos concede un instrumento poderoso. Cuando comprendemos que nuestro estado de sanación está en el equilibrio de la dualidad y no en juzgar o aferrarse a una u otra, surge, como por sí mismo, un campo de armonía y paz, así como de amor incondicional dentro de nosotros y también a nuestro alrededor. El ocho acostado nos recuerda que nuestra vida es un río constante, un camino perpetuo de desarrollo desde el polo positivo hasta el polo negativo.

Lo único constante en nuestras vidas desde el momento de nuestro nacimiento hasta nuestra transición es el cambio, el movimiento ininterrumpido. Si aplicamos esta sabiduría a nuestras vidas, también queda perfectamente claro que nuestra evolución aquí en la Tierra nunca puede estar acabada. Mientras estemos en un cuerpo humano, vivimos sujetos a la ley de la dualidad y, por tanto, a la exigencia constante de equilibrar esta dualidad de forma armoniosa. Nuestro objetivo más elevado debería ser entender esta dualidad en lo más profundo de nuestro ser, no sólo en nuestra cabeza, sino en cada una de las células. Deberíamos empeñarnos incansablemente con todo nuestro ser en crear el equilibrio armonioso y utilizar esta comprensión en nuestro camino hacia la perfección.

La *lemniscata* nos enseña de una forma poco espectacular toda la sabiduría del plan supremo de la creación y qué hemos de hacer para seguirlo. Nos sirve como metáfora del camino humano de desarrollo y decisión. El ocho representa la transformación de la materia en energía de vibración pura.

Consejos y ejercicios para trabajar con la *lemniscata*

Todo aquello que quieras unir de forma armoniosa puedes enlazarlo a través del poder del símbolo del ocho acostado. Emplea el lazo en forma de ocho siempre y en cualquier lugar a través de tu imaginación, concibiéndote siempre a ti mismo en uno de los dos lazos y en el otro lazo situando a la persona o al acontecimiento que te preocupa o te agita, o al que simplemente quieres impregnar de más armonía. Luego, repite una y otra vez este lazo del ocho que une hasta albergar la sensación de que todo está equilibrado, de que las emociones y los pensamientos que te agitaron se han calmado y ya te sientes más tranquilo. Puedes utilizar esta técnica realmente para cualquier cosa que quieras equilibrar y armonizar, y también tan a menudo como consideres. Puesto que no trabajas interviniendo, sino que lo haces sólo equilibrando, tampoco te cargues con ningún tipo de karma. Si realizas este ejercicio para otras personas sin participar tú mismo, siempre es importante que te acuerdes de no poner un deseo o intención dominante en el lazo en forma de ocho. Pide sólo por la mayor armonización posible para todos los participantes.

Pruébalo con tus hijos. Por ejemplo, une en un lazo en forma de ocho a tu hijo y a ese profesor con el que tu hijo no congenia muy bien, o haz lo mismo con un compañero con el que también le cueste empatizar. Cuando lo hagas, visualiza un ocho acostado y coloca energéticamente a tu hijo en un lazo y a la persona con la que deseas que haya una mayor armonía o equilibrio en el otro lazo. ¿Recuerdas el primer ejercicio al principio del libro? Hazlo así también ahora, sólo que mentalmente. Deja que la energía fluya una y otra vez en el camino del ocho acostado, primero en una dirección y luego en la dirección contraria. Este ejercicio energético lo puedes repetir tantas veces como quieras hasta que notes que tu situación mejora notablemente. Incluso aunque percibas que ya ha surgido una cierta armonía, yo te animo a que sigas realizando este soporte energético a tu hijo al menos una vez a la semana.

Apoya también a tu pareja poniendo a su superior y a él en un ocho acostado que equilibra, y repásalo una y otra vez en tu mente. No tienes por qué decirlo, simplemente hazlo y alégrate con tu pareja cuando la situación se relaje y su colaboración se vuelva más armoniosa. Igualmente puedes hacerlo para esa compañera de trabajo o esos vecinos que no se llevan muy bien. Se trata de entender mejor lo que separa y de proporcionar un equilibrio a través del campo energético. No intervendrás mientras no añadas a la vibración del ocho deseos egoístas u objetivos preconcebidos. Aquí sólo estás abriendo el campo de energía para el equilibrio y la armonía, y ésta es una forma maravillosa de observar el trabajo de luz.

Puedes dibujar un ocho acostado en tu cuerpo, o pegar símbolos ya hechos en tu piel. Prueba a hacerlo y pon el ocho acostado en esas zonas de tu cuerpo que necesitan una armonización. El ocho acostado se puede dibujar en la piel y es muy útil para el dolor, las fracturas, la tensión, las distensiones y cualquier cosa que esté en desequilibrio en el cuerpo.

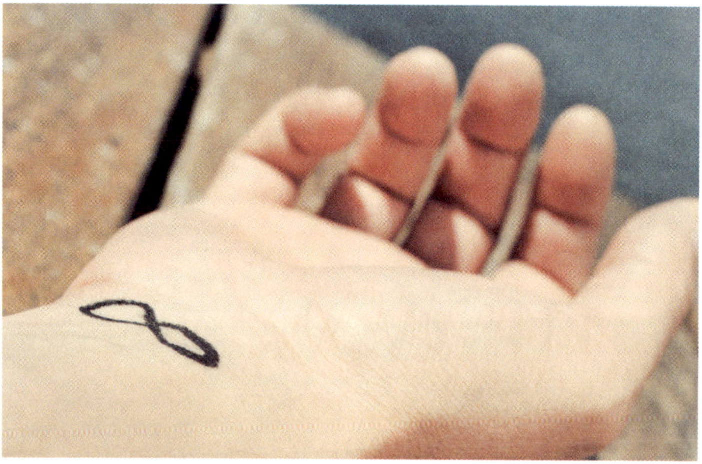

Dibuja de una a tres *lemniscatas* superpuestas en la zona afectada con un lápiz corporal. El ocho acostado puede aplicarse también a las heridas para acelerar el proceso de curación. En el caso de las heridas abiertas, no dibujes dentro de ellas, sino a una distancia adecuada alrededor, sobre o debajo del esparadrapo o el vendaje. Utiliza tantas veces como consideres oportuno el signo de la *lemniscata* que une y armoniza. He tenido grandísimas experiencias con ello.

También puedes utilizar este lazo en forma de ocho que armoniza con tus mascotas. Dibújalo en la zona de descanso de tu mascota o en su cuenco de comida. O visualiza a tu mascota a un lado y a ti al otro en el lazo en forma de ocho para armonizar vuestra relación mutua o hacerla aún más íntima.

Y en el caso de que tu animal presente alguna herida, te recomiendo aprovechar los beneficios del ocho acostado para que se recupere más rápido. Procede como lo has hecho contigo mismo y pinta o dibuja el ocho acostado de una a tres veces en la zona donde tenga la herida. Si tu mascota es un gato, escribe el ocho sólo en el campo energético de tu gato. Los gatos no soportan que se les dibuje nada en el pelaje, y esto irritaría y molestaría aún más de lo necesario a tu felino. Sin embargo, si, mientras lo acaricias, dibujas una y otra vez con el dedo la *lemniscata* en su campo energético, esto tendrá un gran efecto calmante sobre tu minino y lo ayudará en el proceso de curación.

Si ves que a tus plantas les cuesta crecer, dibuja la *lemniscata* en la maceta de la planta o en la regadera. También puedes trazar simplemente un ocho acostado en el grifo o pegar una pegatina con el símbolo. Sirve igualmente de ayuda si con la mano o con una varilla dibujas el ocho acostado en el agua y luego riegas tus plantas con ella. Esto también resulta muy bueno para las plantas sanas, y la mayoría de ellas te agradecerá este tratamiento especial de armonización con un crecimiento más vivo y una floración abundantísima.

Prueba a dibujar cada noche antes de irte a dormir el símbolo del ocho acostado en un gran lazo en el aire sobre tu cama o la de tu hijo. Sobre todo si tú o tu hijo tenéis un sueño inquieto, esto puede resultaros tremendamente calmante.

Dibuja un gran ocho acostado en el suelo y ponte sobre él de tal forma que tu cuerpo esté aproximadamente sobre el punto central. Coloca un pie en el lazo izquierdo y otro en el derecho, cierra los ojos y visualiza cómo sube el símbolo.

El ocho acostado empieza a subir desde tus pies, pasando por tus piernas, hasta las caderas, te sube por la espalda, recorriendo el tórax hasta por encima de la cabeza, y lleva todo lo que reside dentro de ti y en tu campo energético a la infinita y armoniosa vibración equilibradora de la *lemniscata*. Tu eje central se endereza con este ejercicio y tu energía central se fortalece, mientras que tu lado izquierdo y derecho del cuerpo, así como tus órganos, forman una unión armoniosa entre sí. La *lemniscata* crece hasta la fuente originaria y te conecta en un campo armonioso con tu creador y con todos los seres que pertenecen al cielo. Todos los ángeles, arcángeles, elohims, serafines, seres de luz y maestros ascendidos están contigo en esta vibración armoniosa. Después sigue imaginándote cómo la *lemniscata* en su posición horizontal vibra bajando hasta el corazón de la madre Tierra y te lleva como ser humano a unirte armoniosamente con la Tierra, la naturaleza y todos los seres de la naturaleza. Eres un canal entre el cielo y la Tierra, y una parte armoniosa de una frecuencia infinita de vibración de paz y amor. Deja que esta columna de ochos en movimiento suba y baje por tu cuerpo durante un rato; disfruta de la vibración equilibradora y siente cómo tus chakras y todas tus células se recargan en esta vibración de armonía.

Cuando salgas a la naturaleza, trata de caminar en un ocho acostado lo más a menudo posible. Fíjate en tu punto de partida y en tu destino, y hazte un plano de la figura del ocho y de cómo puedes recorrerlo en tu camino. O dibuja muchos ochos en tu camino. Resulta igual de divertido hacer ochos acostados en la nieve o en la arena; a los niños suele entusiasmarles la idea. Si tienes un jardín, poner un ocho acostado de flores o arbustos no sólo es bonito, sino que te ayudará energéticamente a ti y a todo tu entorno. Hacer con piedras bonitas un ocho acostado también tiene un efecto maravilloso. Incluso en un jardín zen, el símbolo del ocho acostado se deja escribir bien en la aren

Palabras finales

Sé creativo y utiliza el ocho acostado siempre y en todas partes de diferentes maneras. Da rienda suelta a tu deseo de equilibrio y armonía. Lo fantástico de trabajar con el ocho acostado es que no tiene que suponerte un gasto, puesto que siempre y en todo momento tienes la posibilidad de utilizar el poderoso símbolo con los medios más sencillos. Así que empléalos lo más a menudo posible y armoniza todo en la alegría. Puedes considerar esto como parte de tu actividad como trabajador de la luz. Aunque los demás no sean conscientes de ello y nadie te tire flores, estás cambiando el mundo. Piensa en el efecto mariposa: el aleteo de una mariposa puede desencadenar un tornado. Reconoce lo que estás haciendo, cuídate a ti mismo y a tu amor por todo lo que vives, y sé constante en tu camino de evolución y cambio.

La *lemniscata* es el símbolo que representa el infinito, el desarrollo perpetuo y el equilibrio. Describe lo absoluto y es, en sí misma, la expresión del ser todo uno, de la sanación y de la totalidad. Cuanto más a menudo se utilice en nuestro día a día, mejor será para nosotros y para todo ser vivo.

Todos ansiamos volver a vivir el paraíso en la Tierra, por eso es tan importante que trabajemos continuamente en este cambio hacia el equilibrio, la armonía, la comprensión de las leyes duales, el amor incondicional y la paz.

Aunque no siempre coseches un éxito inmediato, confía en que tu aletear de alas también creará algo grande y en que estás participando en el cambio del mundo a través de tu incansable trabajo de luz.

Armonízate primero tú mismo, sumérgete en la totalidad que reside en el equilibrio armonioso de la dualidad. Utiliza la sabiduría de la *lemniscata* y conviértete en el ser perfecto que eres desde tu nacimiento. Entonces cambia el mundo transmitiendo esta sencilla sabiduría. Sé que poner en práctica la totalidad y comprender la dualidad, así como aceptarla e integrarla, no siempre es fácil, pero sí puede ser divertido. Y si tú no empiezas, ¿quién lo hará?

Te deseo muchos momentos de armonía en la energía del ocho acostado. Acuérdate siempre y en todas partes de lo poderoso que es este sencillo símbolo y utilízalo tan a menudo como sea posible. No sólo estarás haciendo algo bueno para tu propio despertar, sino que también serás para todos los demás un regalo de la infinidad.

Acerca de la autora

Barbara Heider-Rauter es pedagoga y terapeuta con años de experiencia práctica. En sus seminarios y formaciones se presenta como una guía cariñosa y transparente para todo buscador verdadero. Sus profundas inspecciones de las conexiones espirituales y de los mundos invisibles le permiten reconocer la singularidad de cada individuo y su alineación con la luz interior. También es una de las principales expertas en Aura-Soma y en sus clases enseña este maravilloso sistema de colores. Su trabajo se centra siempre en el bienestar y en la máxima posibilidad de desarrollo de cada individuo. Dirige veladas de meditación, seminarios de desarrollo personal, viajes de seminario a Inglaterra a los lugares místicos de la leyenda del rey Arturo y viajes del corazón a Irlanda. Hace más de cinco lustros, abrió una tienda espiritual especializada en Salzburgo, que sirve de base para que las personas que buscan se encuentren con personas afines.

www.avalon-spirit.com
www.barbara-heider-rauter.com
www.meinavalon.com

Índice de ilustraciones

Fotografía de la página 90 (abejas): © Roland Rauter
Fotografías de www.shutterstock.com
Fondo en todos los inicios de apartado: #100044215 (© majcot)

Pág.13: #302532263 (© iSS Photographer), Pág. 18: #259478183 (© ixpert) y #326065739 (© Calmara), Pág. 22: #307597823 (© Dance60), Pág. 26: #346572113 (© cosma), Pág. 27: #382975000 (© Anatoli Styf), Pág. 32: #216645694 (© Kat72), Pág. 36: #282685037 (© Derek R. Audette), Pág. 40: #71825446 (© L.F), Pág. 41: #197816027 (© JingAiping), Pág. 42: #388053262 (© IgorGolovniov), Pág. 46: #121788718 (© gornjak) und #326065739 (© Calmara), Pág. 53: #405479872 (© Ajwer), Pág. 58: #8472430 (© Poprugin Aleksey), Pág. 59: #371697694 (© MichaelJayBerlin), Pág. 62: #175083590 (© belkos), Pág. 64: #182120438 (© Pavelk), Pág. 70: #415009984 (© IVASHstudio), Pág. 79: #14875456 (© aastock), Pág. 80: #185324060 (© aprilante), Pág. 83: #54954883 (© dvande), Pág. 84: #154360835 (© Avesun),

Pág. 87: #312776687 (© ideasbyme), Pág. 92: #384143626 (© Martin Mecnarowski), Pág. 94: #291810674 (© Andrii Vodolazhskyi), Pág. 96: #139602977 (© vitstudio), Pág. 101: #287496860 (© nito), Pág. 102: #269523908 (© STemnova), Pág. 106: #171210671 (© logoboom)

Índice

Tú eres el artista que nunca duerme, que siempre reorganiza inconscientemente las imágenes en el lienzo de tu vida con pinceladas de pensamiento.

Manifestar nuestros sueños no es un trabajo difícil: consiste en creencias, expectativas y, sobre todo, conocer la verdad sobre nuestro lugar en el universo. El manifiesto de Mike Dooley, *Posibilidades infinitas*, es una mirada fresca e inspiradora a cómo cada uno de nosotros puede centrarse para descubrir sus verdaderos propósitos y activar su imaginación y sus deseos.

Somos seres espirituales llenos de un potencial infinito, aventurándonos a través de un campo de posibilidades, creando nuestra propia realidad, nuestro propio destino y nuestra propia suerte. Una vez que aprendemos a abrir nuestro corazón y nuestra mente, pensando más allá de lo que la espiritualidad ha querido decir tradicionalmente, se hace evidente que la vida en sí misma es el viaje definitivo. *Posibilidades infinitas* abre ventanas, puertas y rutas inesperadas a una forma valiente y gratificante de vivir.

El flujo lúcido de este texto nos lleva suave y magnéticamente a una experiencia transformadora, que nos conecta con el vivo resplandor de la Conciencia del Instante Presente, donde encontramos la liberación, la salud y nuestra innata sabiduría. Leyendo simplemente este libro, sus percepciones se purificarán. Participando directamente en *El Proceso de la Presencia*, recobrará la salud de su experiencia vital.

Lo que en otro tiempo fue difícil de explicar ha quedado ahora plasmado por escrito. Lo que en otro tiempo se consideraba un territorio de paz al que sólo podían acceder los «adeptos espirituales» está ahora al alcance de todo el mundo. Este libro nos enseña cómo ir más allá de nuestras aflicciones y adicciones físicas, mentales y emocionales, y nos adentra audazmente en un nuevo paradigma de la salud.